Weihnachts Träume

Zusammengestellt und
herausgegeben von Anna Martini

Weihnachts Träume

In wunderbaren Geschichten, Gedichten und Bildern

INHALTSVERZEICHNIS

Süßer die Glocken nie klingen

10	Verse zum Advent	THEODOR FONTANE
11	Winternacht	VOLKSWEISE
12	Wie lange noch?	ÜBERLIEFERT
14	Der goldene Schlüssel	BRÜDER GRIMM
15	Der Schneemann	MANFRED KYBER
20	Es war einmal eine Glocke	CHRISTIAN MORGENSTERN
21	Süßer die Glocken nie klingen	FRIEDRICH WILHELM KUTZINGER
22	Schneeflöckchen	MARTHA RUHMANN
26	O heimliche Zeit	ALBERT SERGEL
28	Wie Sankt Nikolaus ein steinernes Herz verwandelte	LEGENDE
29	Der Esel des Sankt Nikolaus	LISA WENGER
34	Knecht Ruprecht	THEODOR STORM
36	Knecht Ruprechts erste Erdenreise	ADELE ELKAN

Leise rieselt der Schnee

44	Weihnachtsgebäck	ISABELLA BRAUN
45	Das fremde Kind	FRANZ GRAF VON POCCI
48	Geschichte eines Pfefferkuchenmannes	JEAN PAUL
50	Der kleine Tannenbaum	MANFRED KYBER

54	Leise rieselt der Schnee EDUARD EBEL
55	O Tannenbaum AUGUST ZARNACK/ERNST ANSCHÜTZ
56	Der Tannenbaum HANS CHRISTIAN ANDERSEN
68	Der Traum AUGUST HEINRICH HOFFMANN VON FALLERSLEBEN
70	Das Geschenk HERMYNIA ZUR MÜHLEN

Alle Jahre wieder

78	Die Winterfahrt des Christkindes ÜBERLIEFERT
80	Eine Erzählung für Kinder LEO TOLSTOI
85	Alle Jahre wieder FRIEDRICH SILCHER
86	Die Heilige Nacht SELMA LAGERLÖF
93	Erwartung KARL FRIEDRICH VON GEROCK
95	Vom Christkind ANNA RITTER
96	Die Weihnachtsgeschenke BERTIL MALMBERG
103	Das Christkind FRANZ GRAF VON POCCI

Ihr Kinderlein kommet

108	Ein seltsamer Weihnachtsengel HANS HEINRICH STRUBE
114	Weihnachten JOHANN W. HEY
115	Ihr Kinderlein kommet CHRISTOPH VON SCHMID
116	Die Apfelsine des Waisenjungen SIDNEY CAROLL
118	Immer wenn zwei Menschen AUS BRASILIEN
119	Der Schlitten GEORG RUSELER
125	Kinderweihnacht MONIKA HUNNIUS
131	Worüber das Christkind lächeln musste KARL HEINRICH WAGGERL
133	Christkind im Walde ERNST VON WILDENBRUCH

Stille Nacht, Heilige Nacht

136   Christabend Karl Friedrich von Gerock

138   Wie der kleine Weihnachtsengel glücklich wurde Fabian Lith

142   Das Christkind Robert Reinick

143   Weihnachten Joseph von Eichendorff

144   O du fröhliche Johannes Daniel Falk

145   Stille Nacht Joseph Mohr

146   Der Weihnachtsbaum des Christkinds L. H. Richter

148   Heilige Nacht Ludwig Thoma

149   Du kannst jeden Tag zu mir kommen Unbekannter Verfasser

151   Wie die Christrose entstand Legende

152   Das kleine Mädchen mit den Zündhölzern Hans Christian Andersen

156   Wir Heiligen Drei König' Überliefert

157   Die himmlische Musik Richard von Volkmann-Leander

159   Wieviel Sand in dem Meer Überliefert

Süßer die Glocken nie klingen

Verse zum Advent

Noch ist Herbst nicht ganz entflohn,
aber als Knecht Ruprecht schon
kommt der Winter hergeschritten,
und alsbald aus Schnees Mitten
klingt des Schlittenglöckleins Ton.

Und was jüngst noch, fern und nah,
bunt auf uns herniedersah,
weiß sind Türme, Dächer, Zweige,
und das Jahr geht auf die Neige,
und das schönste Fest ist da.

Tag du der Geburt des Herrn,
heute bist du uns noch fern,
aber Tannen, Engel, Fahnen
lassen uns den Tag schon ahnen,
und wir sehen schon den Stern.

THEODOR FONTANE

Winternacht

Der Winter ist gekommen
und hat hinweggenommen
der Erde grünes Kleid;
Schnee liegt auf Blütenkeimen,
kein Blatt ist auf den Bäumen,
erstarrt die Flüsse weit und breit.

Da schallen plötzlich Klänge
und frohe Festgesänge
hell durch die Winternacht;
in Hütten und Palästen
ist rings in grünen Ästen
ein bunter Frühling aufgemacht.

Wie gern doch seh' ich glänzen
mit all den reichen Kränzen
den grünen Weihnachtsbaum;
dazu der Kindlein Mienen,
von Licht und Lust beschienen;
wohl schönre Freude gibt es kaum.

VOLKSWEISE

Wie lange noch?

Schon naht die liebe Weihnachtszeit,
bald will das Christkind kommen!
Da macht sich jedes Herz bereit,
da jubeln alle Frommen.
Am frohsten pocht den Kindern doch
das Herz mit lautem Schlage,
und jedes fragt: »Wie lange noch
ist's bis zum Weihnachtstage?«

Das Christkind aber blickt voll Huld
auf all die lieben Kleinen.
Und spricht: »Ihr Kinder, habt Geduld,
bald werd' ich euch erscheinen!
Es ist Advent! – Vier Wochen nun
sollt ihr euch recht bestreben,
gar alles mir zu lieb zu tun,
recht gut und brav zu leben!

Die Engel geh'n jetzt ein und aus
in diesen heil'gen Wochen,
in jedem frommen Christenhaus
an Tür und Herz sie pochen!
Sie wollen auf mein Kommen ja
tagtäglich euch bereiten,
und wenn der Heil'ge Abend da,
euch an mein Kripplein leiten!

Sie mahnen zum Gehorsam euch,
zu Fleiß und guten Sitten
und tragen in das Himmelreich
all eure frommen Bitten!
Drum folgt dem Engel treu und gern,
den jetzt ich zu euch sende,
dann ist der heil'ge Tag nicht fern,
wo ich den Lohn euch spende!«

ÜBERLIEFERT

Brüder Grimm

Der goldene Schlüssel

Zur Winterzeit, als einmal ein tiefer Schnee lag, musste ein armer Junge hinausgehen und Holz auf einem Schlitten holen. Wie er es nun zusammengesucht und aufgeladen hatte, wollte er, weil er so erfroren war, noch nicht nach Hause gehen, sondern erst Feuer anmachen und sich ein bisschen wärmen. Da scharrte er den Schnee weg, und wie er so den Erdboden aufräumte, fand er einen kleinen goldenen Schlüssel. Nun glaubte er, wo der Schlüssel wäre, müsste auch das Schloss dazu sein, grub in der Erde und fand ein eisernes Kästchen. Wenn der Schlüssel nur passt! dachte er, es sind gewiss kostbare Sachen in dem Kästchen. Er suchte, aber es war kein Schlüsselloch da; endlich entdeckte er eins, aber so klein, dass man es kaum sehen konnte. Er probierte, und der Schlüssel passte glücklich. Da drehte er einmal herum, und nun müssen wir warten, bis er vollends aufgeschlossen und den Deckel aufgemacht hat, dann werden wir erfahren, was für wunderbare Sachen in dem Kästchen lagen.

MANFRED KYBER

Der Schneemann

Es war einmal ein Schneemann, der stand mitten im tiefverschneiten Walde und war ganz aus Schnee. Er hatte keine Beine und Augen aus Kohle und sonst nichts, und das ist furchtbar wenig. Aber dafür war er kalt, furchtbar kalt. Das sagte auch der alte, griesgrämige Eiszapfen von ihm, der in der Nähe hing und noch viel kälter war.

»Sie sind kalt!«, sagte er ganz vorwurfsvoll zum Schneemann.

Der war gekränkt. »Sie sind ja auch kalt«, antwortete er.

»Ja, das ist etwas ganz anderes«, sagte der Eiszapfen überlegen.

Der Schneemann war so beleidigt, dass er fortgegangen wäre, wenn er Beine gehabt hätte. Er hatte aber keine Beine und blieb also stehen, doch nahm er sich vor, mit dem unliebenswürdigen Eiszapfen nicht mehr zu sprechen. Der Eiszapfen hatte unterdessen etwas anderes entdeckt, was seinen Tadel reizte: Ein Wiesel lief über den Weg und huschte mit eiligem Gruß an den beiden vorbei.

»Sie sind ja lang, viel zu lang!«, rief der Eiszapfen hinter ihm her, »wenn ich so lang wäre wie sie, ginge ich nicht auf die Straße!«

»Sie sind doch auch lang«, knurrte das Wiesel verletzt und erstaunt.

»Das ist etwas ganz anderes!« sagte der Eiszapfen mit unverschämter Sicherheit und knackte dabei ordentlich vor lauter Frost.

Der Schneemann war empört über diese Art, mit Leuten umzugehen, und wandte sich, soweit ihm das möglich war, vom Eiszapfen ab. Da lachte etwas hoch über ihm in den Zweigen einer alten schneeverhangenen Tanne, und wie er hinaufsah, saß ein wunderschönes, weißes, weiches Schnee-Elfchen oben und schüttelte die langen hängenden Haare, dass tausend kleine Schneesternchen herabfielen und dem

15

armen Schneemann gerade auf den Kopf. Das Schnee-Elfchen lachte noch lauter und lustiger, dem Schneemann aber wurde ganz seltsam zumute, und er wusste gar nicht, was er sagen sollte, und da sagte er schließlich: »Ich weiß nicht, was das ist ...«

»Das ist etwas ganz anderes«, höhnte der Eiszapfen neben ihm.

Aber dem Schneemann war so seltsam zumute, dass er gar nicht mehr auf den Eiszapfen hörte, sondern immer hoch über sich auf den Tannenbaum sah, in dessen Krone sich das weiße Schnee-Elfchen wiegte und die langen hängenden Haare schüttelte, dass tausend kleine Schneesternchen herabfielen.

Der Schneemann wollte unbedingt etwas sagen über das Eine, von dem er nicht wusste, was es war, und von dem der Eiszapfen sagte, dass es etwas ganz anderes wäre. Er dachte schrecklich lange darüber nach, so dass ihm die Kohlenaugen ordentlich herausstanden vor lauter Gedanken, und schließlich wusste er, was er sagen wollte und da sagte er:

»Schnee-Elfchen im silbernen Mondenschein,
du sollst meine Herzallerliebste sein!«

Dann sagte er nichts mehr, denn er hatte das Gefühl, dass nun das Schnee-Elfchen etwas sagen müsse, und das war ja wohl auch nicht unrichtig. Das Schnee-Elfchen sagte aber nichts, sondern lachte so laut und lustig, dass die alte Tanne, die doch sonst gewiss nicht für Bewegung war, missmutig und erstaunt die Zweige schüttelte und sogar vernehmlich knarrte. Da wurde es dem armen, kalten Schneemann so brennend heiß ums Herz, dass er anfing, vor lauter brennender Hitze zu schmelzen, und das war nicht schön. Zuerst schmolz der Kopf, und das ist das Unangenehmste – später geht's ja leichter. Das Schnee-Elfchen aber saß ruhig hoch oben in der weißen Tannenkrone und wiegte sich und lachte und schüttelte die langen hängenden Haare, dass tausend kleine Schneesternchen herabfielen. Der arme Schneemann

16

schmolz immer weiter und wurde immer kleiner und armseliger, und das kam alles von dem brennenden Herzen. Und das ist so weiter gegangen, und der Schneemann war schon fast kein Schneemann mehr, da ist der Heilige Abend gekommen, und die Englein haben die goldenen und silbernen Sterne am Himmel geputzt, damit sie schön glänzen in der Heiligen Nacht.

Und da ist etwas Wunderbares geschehen: Wie das Schnee-Elfchen den Sternenglanz der Heiligen Nacht gesehen hat, da ist ihm so seltsam zumute geworden und da hat's mal auf den Schneemann heruntergesehen, der unten stand und schmolz und eigentlich schon ziemlich zerschmolzen war. Da ist's dem Schnee-Elfchen so brennend heiß ums Herz geworden, dass es heruntergehuscht ist vom hohen Tann und den Schneemann auf den Mund geküsst hat, so viel noch davon übrig war. Und wie die beiden brennenden Herzen zusammen waren, da sind sie alle beide so schnell geschmolzen, dass sich sogar der Eiszapfen darüber wunderte, so ekelhaft und unverständlich ihm die ganze Sache auch war.

So sind nur die beiden brennenden Herzen zurück geblieben, und die hat die Schneekönigin geholt und in ihren Kristallpalast gebracht, und da ist's wunderschön, und der ist ewig und schmilzt auch nicht. Und zu alledem läuteten die Glocken der Heiligen Nacht.

Als aber die Glocken läuteten, ist das Wiesel wieder heraus gekommen, weil es so gerne das Glockenläuten hört, und da hat's gesehen, dass die beiden weg waren.

»Die beiden sind ja weg«, sagte es, »das ist wohl der Weihnachtszauber gewesen.«

»Ach, das war ja etwas ganz anderes!«, sagte der Eiszapfen rücksichtslos, und das Wiesel verzog sich empört in seine Behausung.

Auf die Stelle aber, wo die beiden geschmolzen waren, fielen tausend und abertausend kleine, weiße, weiche Flocken, so dass niemand mehr etwas von ihnen sehen oder sagen konnte.

Nur der Eiszapfen hing noch genauso da, wie er zuerst gehangen hatte, und der wird auch niemals an einem brennenden Herzen schmelzen und auch gewiss nicht in den Kristallpalast der Schneekönigin kommen – denn der ist eben etwas ganz anderes!

Es war einmal eine Glocke

Es war einmal eine Glocke,
die machte baum, baum ...
Und es war einmal eine Flocke,
die fiel dazu wie im Traum ...

Die fiel dazu wie im Traum ...
Die sank so leis hernieder,
wie ein Stück Engleingefieder
aus dem silbernen Sternenraum.

Es war einmal eine Glocke,
die machte baum, baum ...
Und dazu fiel eine Flocke,
so leis als wie ein Traum ...

So leis als wie ein Traum ...
Und als vieltausend gefallen leis,
da war die ganze Erde weiß,
als wie vom Engleinflaum.

Da war die ganze Erde weiß,
als wie von Engleinflaum.

CHRISTIAN MORGENSTERN

Süßer die Glocken nie klingen

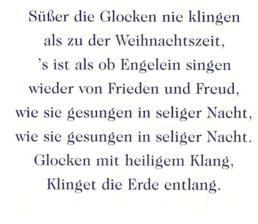

Süßer die Glocken nie klingen
als zu der Weihnachtszeit,
's ist als ob Engelein singen
wieder von Frieden und Freud,
wie sie gesungen in seliger Nacht,
wie sie gesungen in seliger Nacht.
Glocken mit heiligem Klang,
Klinget die Erde entlang.

Oh, wenn die Glocken erklingen,
schnell sie das Christkindlein hört,
tut sich vom Himmel dann schwingen,
eilet hernieder zur Erd,
segnet den Vater, die Mutter das Kind,
segnet den Vater die Mutter, das Kind.
Glocken mit heiligem Klang,
klinget die Erde entlang.

Klinget mit lieblichem Schalle
über die Meere noch weit,
dass sich erfreuen doch alle
seliger Weihnachtszeit.
Alle aufjauchzen mit herrlichem Sang,
alle aufjauchzen mit herrlichem Sang.
Glocken mit heiligem Klang,
klinget die Erde entlang.

Friedrich Wilhelm Kutzinger

Martha Ruhmann

Schneeflöckchen

Draußen wirbelte der Schnee in großen Flocken zur Erde nieder, leise, still wie ein himmlischer Weihnachtsgruß. Viele zarte Schneeflöckchen schlüpften behende in die Nähe der erleuchteten Fenster, um dort ein wenig von der Weihnachtsherrlichkeit zu erspähen.

Die Nacht senkte sich herab. Ein scharfer Wind erhob sich und blies durch die Straßen, auf seinen weiten Schwingen nahm er die Flöckchen mit fort, weit fort in den Wald. Es wurde kälter und kälter. Die zerzausten, zusammengewehten Schnee-Elfchen froren sehr. Sie drängten sich dicht zusammen; sie fürchteten sich wohl unter den dunklen Fichten. Bald hüllte die schneeigen Kleinen ein glitzernder Schleier ein. Es knisterte, und, horch! war das nicht ein leises Flüstern?

»O, ich habe einen Weihnachtsbaum gesehen, als ich mich dicht an das Fenster eines vornehmen Hauses duckte«, begann ein kleines Schnee-Elfchen, »eine hohe Frauengestalt schritt freudig in dem halb dunklen Raum hin und her. Da sah ich viele schöne Spielsachen, die die Engelein in Knecht Ruprechts Werkstatt gemacht hatten.«

Ein Rabe, der auf einem Fichtenzweig frierend hockte, krähte, so tief er konnte: »Vorgestern Nacht habe ich Knecht Ruprecht gesehen. In seinem Sacke steckten Spielsachen und Leckerbissen. Raab, raab, ich habe einen Winterhut für die Frau Gemahlin und Liliputspielsachen für die Kinderchen bestellt. Raab, raab, werden die sich freuen!«

»O, meine Kinder in dem schönen Haus haben sich auch sehr gefreut«, plauderte das Flöckchen weiter, »ein großer, schöner Mann zündete die Kerzen am Baume an. Ich war ganz geblendet. Die grünen Tannenzweige waren mit Gold und Silber geschmückt. Oben aber schwebte ein Engelein. Die Frau nahm glücklich lächelnd die Schelle, und bei ihrem Silberton stürzten drei Mädchen und ein Junge voller Jubel ins Zimmer! Hei, das war eine Lust zu sehen!«

»Hätte ich das doch auch gesehen!«, seufzte ein kleines Schneeflöckchen, das noch immer von dem schönen Himmel träumte und sich hier unten auf der Erde sehr unglücklich fühlte. Aufmerksam lauschte es den Worten der weitgereisten Schwester: »Ich hätte immerzu hinsehen können, doch ach, der Lichterglanz erlosch. Es wurde still und dunkel. Ich aber schlief ein. Im Traume bin ich hierhin geweht, und nun sehne ich mich nach dem freundlichen Zimmer und den glücklichen Menschen!«

Die einsame Fichte hatte ihre Zweige tief herabgeneigt; still hörte sie dem glitzernden Völkchen zu. Von einem Ästchen fiel seufzend ein weißes Schneekind herab; die anderen baten es, ihnen seinen Kummer zu sagen. Leise und traurig erzählte es: »Ich habe schweres Herzeleid gesehen. Mich hatte der Wind an ein Kellerfenster geweht, hu, wie kalt war's dort! Ein blasses Kindergesicht schaute mich wehmütig an. Warum freute es sich nicht in der Weihnacht? Ich hörte eine Kinderstimme schluchzen. Als ich in den Keller schaute, sah ich einen dunklen Knabenkopf an die Kissen eines ärmlichen Lagers gelehnt, – und auf dem Bette lag eine totenblasse Frau. Ihre Hand ruhte auf dem Haupt des Kindes, zitternd streichelte sie ihren jammernden Knaben. Ich bebte vor Angst und Mitleid.«

Leise flüsterte das Flöckchen: »Die Mutter musste wohl sterben? So allein, o wie schrecklich!« Der schwarze Vogel krächzte unheimlich: »Sie muss sterben, sie muss sterben!«

Kalt und schaurig pfiff der Nordwind durch den schweigenden Wald, die Fichte bewegte langsam ihr schneegekröntes Haupt. Die armen Schnee-Elfchen wurden traurig. Schüchtern fragte ein Flöckchen, ob es etwas aus seinem jungen Leben erzählen sollte. Gerne horchten die andern, denn dann fürchteten sie sich nicht mehr.

»Als mich in der heiligen Weihnacht der liebe Gott zur Erde schickte, war ich zuerst ein wenig bange. Ich schlüpfte eilig, mein Schwesterchen an der Hand, in den weißen Pelz einer Kapuze, die ein kleines feines Mädchen um ihren goldgelockten Kopf gehüllt hatte. Rasch eilte sie dahin, eine schlanke, große Frau begleitete sie. Die Kleine plauderte von Christgeschenken, von armen Kindern und einer todkranken Frau. Mutter und Tochter traten in ein kleines, dunkles Zimmer. Sie mussten eine düstere Treppe hinabsteigen. Ich wagte mich nicht aus meinem Versteck. Ich hörte Schluchzen und stammelnde Dankesworte. Bald wurde es um mich hell und warm. Ich glaube, der Weihnachtsengel war in den öden Kellerraum getreten und hatte himmlischen Glanz und himmlische Freude mitgebracht! Eine leise, bebende Stimme sagte: »Gott vergelt's!« Bald hätte ich geweint; aber dann wäre ich ja geschmolzen. Wiederum war es Nacht um mich, feierliche Glockenschläge tönten durch die Luft – es war Weihnacht. Ich aber schlief ein. Als ich ausgeträumt hatte, war ich im dunklen Wald, allein, einsam. Wo war mein Schwesterchen? Ob es wohl geweint hat und nun ein Eis-Elfchen geworden ist?«

Es wurde still, die kleinen Schneeflocken waren müde. Sie wollten schlafen, träumen. Der Rabe flog fort; auch er begab sich zur Ruhe. An den Zweigen der dunklen Fichte funkelten und glitzerten zarte Eisperlen. Ob die Schneeflocken wohl geweint haben?

O heimliche Zeit

O heimliche Zeit,
wenn es draußen friert und schneit
und der Christ ist nicht mehr weit!
Wie's tuschelt in den entferntesten Ecken,
kichert und lacht!
Überall Bepacktsein, Verstecken;

Vorfreude:
Wie anderen Freude man macht!
Hoffen und Wünschen
webt feiernd durchs Zimmer:
Ein Heinzelmannwirken
im Lampenschimmer.

Mich deucht,
ich sah einen güldenen Schein:
Guckt da nicht Sankt Niklas
zum Fenster herein?

Glocken erklingen in weiter Ferne.
Bratäpfelduft aus dem Ofen quoll.
Am nachtklaren Himmel
schimmern die Sterne
verheißungsvoll

und schauen das Treiben
und freuen sich mit
bei der eilenden Menschen
frohklingendem Schritt.

Friedvolles Hasten weit und breit:
Weihnacht ist nahe!
O heimliche Zeit!

ALBERT SERGEL

EINE ALTE LEGENDE

Wie Sankt Nikolaus ein steinernes Herz verwandelte

Zur Zeit des heiligen Nikolaus lebte ein Kaufmann, der war sehr reich, und Tag und Nacht dachte er daran, wie er noch reicher werden könnte. Eines Tages trat der Teufel an ihn heran und fragte ihn: »Möchtest du nicht der reichste Mann auf der ganzen Welt werden und mehr besitzen als alle anderen Menschen zusammen? Ich gebe dir alles Geld der Welt, aber unter der Bedingung, dass du mir dein Herz gibst.« Unermesslich reich sein – davon hatte der Kaufmann immer geträumt, und so ging er auf dieses beste Geschäft seines Lebens, wie er meinte, ein.
Und wirklich, er wurde reicher als alle anderen Menschen auf der Welt, doch statt seines Herzens trug er jetzt einen harten Stein in seinem Leib. Da wollte keiner mehr mit ihm reden, so wie man von Mensch zu Mensch redet, und er wurde immer einsamer und unglücklicher.
Eines Tages erschien ihm der heilige Bischof Nikolaus. »Warum bist du denn so traurig und so unglücklich?«, fragte er den reichen Kaufmann. Dieser erzählte ihm seine Geschichte. Da lächelte der Heilige und sagte: »Tu Gutes, verschenke deinen Reichtum an die Armen, und du wirst dein Herz wieder bekommen.«
Der Kaufmann befolgte diesen Rat, und siehe da, bei jedem guten Werk, das er tat, schmolz der harte Stein, den er im Leib trug, und verwandelte sich, bis schließlich der Mann ein menschliches Herz hatte und glücklich war.

Lisa Wenger

Der Esel des Sankt Nikolaus

Als der Winter wieder einmal gekommen war, der Schnee in dicken Flocken zur Erde fiel und die Weihnachtszeit nahte, kam Sankt Nikolaus in den Stall, wo sein Eselchen stand, klopfte ihm auf den glatten Rücken und sagte: »Nun, mein Graues, wollen wir uns wieder auf die Reise machen?« Der Esel stampfte lustig mit den Füßen und wieherte leise. So zogen sie denn zusammen aus, der Esel hochbepackt mit Säcken, Sankt Nikolaus in seinem dicken Schneemantel, mit hohen Stiefeln und großen Pelzhandschuhen. Wenn sie so durch das Feld zogen, knirschte der Schnee unter ihren Füßen, und ihr Atem flog in großen Wolken um sie herum; aber Sankt Nikolaus lachte doch mit seinen fröhlichen alten Augen in die Welt hinein, und das Eselchen schüttelte sich vor Vergnügen, so dass die silbernen Glöcklein weit über das Feld klangen.

Im nächsten Dorf kehrten sie ein; denn sie waren beide hungrig. Sankt Nikolaus stellte sein Eselchen in den Stall und setzte sich selbst in die warme Stube zu einem Teller Suppe. Im Stall standen schon ein paar Pferde; auch ein Esel war unter ihnen, und gerade neben diesen – es war ein großer Mülleresel – kam unser Eselchen zu stehen.

»Was bist denn du für ein Kauz?«, fragte der Große verächtlich.

»Ich bin der Esel des Sankt Nikolaus«, antwortete stolz unser Grauer.

»So«, höhnte der Mülleresel, »da bist du auch etwas Rechtes! Immer hinter dem Alten herlaufen; im Schnee stehen vor den Häusern; fast erfrieren und verhungern, ehe du wieder in deinen Stall kommst; keinen rechten Lohn; immer dasselbe Futter, jahraus, jahrein; ich würde mir so etwas nicht gefallen lassen.«

»Ja, hast du es denn besser?«, fragte ganz erstaunt das Eselchen; »du musst doch auch Säcke tragen, oder nicht?«

»Natürlich«, prahlte der Esel, »aber nur, wenn es mir passt! Und zwischendurch laufe ich herum und gehe, wohin ich will! Habe ich Hunger, so komme ich heim und fresse, aber nicht dein lumpiges Heu, nein, Hafer, soviel es mir beliebt, und Brot und Zucker bringt man mir.«

Das Eselchen glaubte dem Aufschneider alles; denn beim Sankt Nikolaus hatte es natürlich nicht lügen gelernt. Solch ein Leben schien ihm beneidenswert; denn Hafer, Brot und Zucker bekam es nur selten.

»Es war natürlich nicht immer so«, fuhr der Mülleresel fort; »aber einmal lief ich einfach davon und kam acht Tage nicht wieder heim. Seither lassen sie mich machen, was ich will. Weißt du was, lauf deinem Alten auch einmal davon, und lass ihn seine Säcke allein schleppen! Du sollst sehen, wie es nachher anders wird! Lauf, lauf, die Tür ist eben offen, und du bist nicht angebunden!«

Das Eselchen, das wirklich ein rechtes Eselchen war, wurde ganz verwirrt im Kopf von all dem Neuen, und da der große Esel ihm Achtung einflößte und man auf das Böse viel leichter hört als auf das Gute, so besann es sich nicht lange und ging wirklich zur Tür hinaus. Dort schüttelte es sich, schlug übermütig aus, dass der Schnee davonstob, und galoppierte zum Hof hinaus, über die Straße, durch den Kartoffelacker, und lief in den Wald. Dort sprang es hin und her, rannte mit den Hasen um die Wette, spielte mit den Hirschen und Rehlein und machte hohe Sprünge, um den Schnee abzuschütteln, der von den Tannen auf seinen Rücken fiel. Das Eselchen wurde schließlich müde und auch hungrig. Es lief auf eine große Wiese, um etwas Essbares zu suchen.

Der Schnee aber war sehr hoch und hart gefroren, und das Eselchen fand nicht das kleinste Kräutlein. Als es weiterlief, sah es am Ende der Wiese, hart am Waldesrand, ein altes Mütterchen gehen, das auf seinem Rücken eine große Bürde Holz schleppte. Mühsam und langsam ging es vorwärts und atmete schwer. Das Eselchen, das im Grund ein gar liebes Eselchen war und bei Sankt Nikolaus nur Gutes gelernt hatte, ging ganz nahe zu dem Mütterchen hin und blieb vor ihm stehen, senkte auch seinen Kopf und sah mit seinen klugen Augen die alte Frau so aufmunternd an, dass diese das Tier wohl verstand. Sogleich lud sie ihm ihr Holz auf den Rücken, tätschelte ihm den Hals und machte: »Hü!«, und das Eselchen trottete ganz sanft hinter dem Mütterchen her, bis sie das kleine Häuschen erreicht hatten, weit draußen vor dem Dorf.

Kaum war das Holz abgeladen, so kamen die Enkelkinder der Alten, sprangen um den Esel herum und schrien: »Ach, lass mich reiten, lass mich reiten!«

Das Eselchen, das von Sankt Nikolaus gelernt hatte, die Kinder lieb zu haben, ließ sie reiten. Erst die Mädchen, dann die Buben, dann wieder die Mädchen und wieder die Buben; zuletzt saßen zwei auf, ritten gegen das Dorf, schrien hü und hott und schwangen ihre Mützen. Vor dem Dorf warf das Eselchen sie ab, und es gab ein großes Gelächter und Geschrei. Darauf sprangen die Kinder heim; das Eselchen lief weiter und wusste nicht recht, wohin es gehen sollte. Es war schon müde, und Hunger und Durst hatte es auch. Langsam lief es in den Wald zurück und dachte an seinen warmen Stall, an das viele Heu, das es immer bekam, und an den guten Sankt Nikolaus, der ihm beim Fressen jedesmal über den Rücken strich.

Traurig ging es vorwärts; hier und da fiel ein Tannenzapfen herunter, oder es krachte ein dürrer Ast; aber sonst war alles still. Die Dämmerung kam, und dem Eselchen wurde es unheimlich. Wenn es nur den

Weg gewusst hätte! Wenn es doch nur wieder daheim wäre, dachte es betrübt und senkte den Kopf tief, tief herunter.

Nachdem der gute Sankt Nikolaus seine Suppe gegessen hatte, ging er in den Stall, um das Eselchen herauszuholen. Aber da war kein Eselchen mehr! Er suchte es überall und fragte alle Leute, ob sie sein Eselchen nicht gesehen hätten; aber niemand hatte es gesehen. Da kam er auf die Straße und sah im Kartoffelacker Spuren von kleinen Hufen. Er ging den Spuren nach und richtig, als Sankt Nikolaus den Hügel hinter dem Dorf hinanstieg, sah er das Eselchen ganz traurig stehen. Es war so müde, dass es nicht einmal den Kopf wandte, als es Schritte hörte.

»Graues!«, rief Sankt Nikolaus.

Potztausend, was machte es da für einen Sprung, und wie lief es hin zu Sankt Nikolaus, den es, obwohl es ganz dunkel war, gleich erkannte. Es wieherte vor Freude, schmiegte sich dicht an ihn und rieb seinen Kopf an dem weichen, wohlbekannten Pelzmantel.

»Aber Graues«, sagte Sankt Nikolaus, »was machst du für Sachen!« Da schämte sich das Eselchen ganz gewaltig.

Sankt Nikolaus nahm es am Zaum; die beiden guten Freunde trotteten durch den Schnee zur nächsten Herberge, und als das Eselchen auf sauberem Stroh im Stalle stand, das duftende Heu vor sich, und Sankt Nikolaus es hinter den Ohren kraulte, da dachte es bei sich: Diesmal bist du aber ein wirklicher Esel gewesen!

Knecht Ruprecht

Von drauß' vom Walde komm' ich her;
ich muss euch sagen, es weihnachtet sehr!
Allüberall auf den Tannenspitzen
sah ich goldene Lichtlein blitzen.
Und droben aus dem Himmelstor
sah mit großen Augen das Christkind hervor.

Und wie ich strolcht' durch den finstern Tann,
da rief's mich mit heller Stimme an:
»Knecht Ruprecht«, rief es, »alter Gesell,
hebe die Beine und spute dich schnell!
Die Kerzen fangen zu brennen an,
das Himmelstor ist aufgetan,
Alt' und Junge sollen nun
von der Jagd des Lebens einmal ruhn.
Und morgen flieg' ich hinab zur Erden;
denn es soll wieder Weihnachten werden!«

Ich sprach: »O lieber Herre Christ,
meine Reise fast zu Ende ist;
ich soll nur noch in diese Stadt,
wo's eitel gute Kinder hat.«

»Hast denn das Säcklein auch bei dir?«

Ich sprach: »Das Säcklein, das ist hier:
Denn Äpfel, Nuss und Mandelkern
essen fromme Kinder gern.«

»Hast denn die Rute auch bei dir?«

Ich sprach: »Die Rute, die ist hier;
doch für die Kinder nur, die schlechten,
die trifft sie auf den Teil, den rechten!«

Christkindlein sprach: »So ist es recht;
so geh mit Gott, mein treuer Knecht!«

Von drauß' vom Walde komm' ich her;
ich muss euch sagen, es weihnachtet sehr!
Nun sprecht, wie ich's hier innen find'!
sind's gute Kind', sind's böse Kind'?

THEODOR STORM

ADELE ELKAN

Knecht Ruprechts erste Erdenreise

Du fragtest mich neulich, mein liebes, kleines Lotte-Kind, wie es denn käme, dass sich der Weihnachtsmann gerade einen Hirsch vor seinen Wagen spannte, und ich, die alte dumme Märchentante, konnte Dir nicht gleich eine Antwort darauf geben. Schließlich kann ja auch selbst die Märchentante nicht alles wissen, aber ich versprach Dir fest, mich zu erkundigen, wie das zuginge, denn Du wolltest ja einmal kein Märchen, sondern die Wahrheit hören. Hier ist sie, meine kleine Lotte, ich denke, Du wirst zufrieden sein:

In alten Zeiten nämlich, als noch bessere Menschen auf Erden lebten und der liebe Gott nicht nur den Kindern, sondern auch den Großen eine Weihnachtsfreude bereiten wollte, weil sie ihm auch Freude machten, da hatte er den Weihnachtsmann – Knecht Ruprecht rief Gott selbst ihn – beauftragt, sein schnellstes Pferd aus dem Stalle zu holen und mit dem auf die Erde zu reiten, um groß und klein, vornehm und gering, die Gaben des Herrn zu bringen. Nun aber stand damals im Himmelsstalle gerade ein junges Ross mit zierlichen Hufen, das hatte goldene Eisen und silbernes Zaumzeug, und die Engelein putzten es eben. Als der Weihnachtsmann in den Stall trat, da fiel sein Blick zuerst auf das junge, schöne Tier, das nur darauf zu warten schien, mitgenommen zu werden. Ruprecht aber war damals auch noch jung und unerfahren, und so tat er, was alle jungen Menschen getan hätten: er wählte das glänzende Ross mit den weißen Hufen, das ihm so gut gefiel. Ein Engel führte es am Zaume, und die andern sahen zu, als

Ruprecht sich daraufschwang und hastig zur Erde sauste; ja, ein paar neugierige Engeljungen spähten dem Davoneilenden noch lange nach und nahmen Sankt Peters großes Fernrohr, was ihnen streng verboten war. Dass es da tüchtige Prügel setzte, als Petrus zurückkam und sah, dass die neugierigen Knaben sein Fernrohr genommen hatten, kannst Du Dir wohl denken, mein Lotte-Kind. Sie mussten ein Stündlein in der Ecke stehen und das große und das kleine Engeleinmaleins lernen, und das ist noch viel schwerer als das, was Du neulich zu lernen hattest und das Dir so große Mühe bereitete, denn es heißt darin nicht etwa nur: einmal eins ist eins, sondern zwölfmal fünfzehn ist hundertachtzig, und das ist erst der Anfang, denn es heißt am Schluss: hundertvierundfünfzigmal hundertachtundsechzig, und wenn die Engel es nicht am Schnürchen vorwärts und rückwärts auswendig können, dann müssen sie fünf Himmelsstunden nachsitzen, und eine Himmelsstunde ist so lang wie drei von unseren.

Aber davon wollte ich Dir ja eigentlich nicht erzählen, sondern von der Erdenfahrt des Weihnachtsmannes – von jener ersten, die für ihn sehr bedeutungsvoll werden sollte. Zuerst ging es sehr gut. Das Pferdchen schien stolz zu sein, dass es einen so stattlichen Reiter tragen durfte, und gab sich alle Mühe, fein ruhig zu traben. Aber kaum roch es die Erde, als es anfing, störrisch zu werden. Es wieherte und ging nicht von der Stelle, soviel Knecht Ruprecht es auch antrieb.

»Ich gehe nicht weiter, ich gehe nicht weiter«, knurrte es ärgerlich vor sich hin, »ich gehöre nicht auf die Erde, ich will im Himmel bleiben, wie sich das gehört. Meine schönen Hufe werden ja bei dem Schmutz hier unten ganz blind, und die Engel putzen sie mir dann nicht wieder so blank wie früher. Ich gehe einfach nicht weiter.«

Knecht Ruprecht schalt, schlug und flehte; umsonst, das Tier blieb störrisch und ging nicht vom Fleck. Und dabei war gerade der große Wagen mit den Gaben, die Petrus verteilen wollte, wie von unsichtbarer

37

Hand geschoben, dahergekommen und stand nun da, die lange Deichsel in die Luft ragend, als ob sie darauf warte, dass ein Pferd angespannt werde. Beinahe hätte Knecht Ruprecht angefangen zu weinen, aber er besann sich noch rechtzeitig, dass es sich für einen Boten des lieben Gottes nicht schicke, wie ein Kind zu weinen. Aber was sollte er nur beginnen? Er durfte doch nicht unverrichteter Sache heimkehren, und das Pferd war nicht von der Stelle zu bringen. So sehr er sich auch schämte, er spannte sich selbst vor den Wagen und zog aus Leibeskräften dem Walde zu, ohne sich um das störrische Ross zu kümmern. Es wurde ihm recht sauer, denn der Wagen war schwer, und er war an so harte Arbeit nicht gewöhnt. Trotz der Kälte standen ihm dicke Schweißtropfen auf der Stirn, und er atmete nur mit Anstrengung. So kam er in den dichten Wald, wo es keinen Weg und Steg mehr gab. Auch hatte der Mond seine Fackel eingezogen, dass es stockfinster war. Leise, leise fielen weiße Schneeflöckchen zur Erde herab und deckten sie mit einer weichen Hülle zu. Keine Blüte steckte ihr Köpfchen neu-

gierig durch die dicke Decke, alles schien zu schlafen, und nur der arme verirrte Knecht Ruprecht suchte sich einsam seine Straße durch den kalten Winterwald. Auch seinen Wagen deckte der Schnee bereits fest zu, damit die Puppen und die Teddybären, die lustigen Nussknacker und die feinen Balldamen, die der liebe Gott ihm mitgegeben hatte, nicht erfrören.

»Sie haben es gut«, dachte der Weihnachtsmann, »sie können schlafen und wissen nichts von meinen Sorgen. Wie soll ich zur rechten Zeit kommen, um alle Kinder zu erfreuen?« Dabei nahm er sein großes, rotes Taschentuch und strich sich über die heiße Stirn. Seine gutmütigen Augen glitten ordentlich ärgerlich über den großen Wagen, als ob er ihn für alle Not verantwortlich machen könne. So einsam fühlte er sich, so verlassen, fern von seiner himmlischen Heimat, fern von Mensch und Tier, von Haus und Hof. »Nur meine Dummheit ist an allem schuld«, murmelte er vor sich hin. »Hätte ich nicht das schönste, sondern das beste Ross gewählt, dann wäre ich längst am Ziele. Aber was nützt das Klagen? An die Arbeit, Ruprecht – Du musst tun, was Dir befohlen ist, und wäre es auch noch so schwer!« Und damit nahm er den Wagen, spannte sich davor und wollte ihn weiter ziehen. Aber der Schnee war immer dichter geworden, und er konnte überhaupt nichts mehr erkennen, so sehr er sich auch anstrengte.

Plötzlich knackte es im finsteren Walde, und als er aufblickte, sah er einen stattlichen Hirsch vor sich stehen. Ein heller Schein ging von dem schönen Tiere aus und leuchtete an der Stelle, auf der er stand, dass Knecht Ruprecht fast geblendet davon war. Nach der tiefen Dunkelheit plötzlich Licht – das überwältigte ihn fast, dass er sprachlos dastand und den Hirsch anstarrte. Aber noch seltsamer ward ihm, als das Tier den Mund auftat, um zu reden: »Ich sah Deine Bedrängnis«, sagte es mit wunderbarer, menschlicher Stimme, »und ich komme, um Dir zu helfen. Was Du tun musst, weiß ich, aber ich weiß auch, dass

Du allein unfähig bist zu vollbringen, was Dir aufgetragen ist. Hell leuchtet mein weißes Fell in dieser Nacht – der heiligen Nacht – und wirft seinen Schein auch über Deinen dunklen Pfad, dass er licht werde.«

»Wie kannst du mir helfen?«, fragte Ruprecht erstaunt, »du, ein scheues Tier des Waldes?«

»Ich bin nur scheu, wenn die Menschen mich verfolgen, wenn Böse mir nachstellen, sonst aber bin ich ihr Freund und möchte ihnen heute Gutes tun. Sieh, so viele Menschen denken auch an mich und die Meinen und streuen uns im Winter Futter hin und freuen sich, wenn wir nicht Mangel leiden. Soll ich da ihre Güte nicht zu vergelten suchen?«

»Du hast recht«, entgegnete Knecht Ruprecht. »Gutes zu tun ist überhaupt das Herrlichste im Leben, das sollte niemand vergessen. Aber nun sag', auf welche Weise willst du mir helfen?«

»Ich will Dein Ross sein, Knecht Ruprecht«, sprach der weiße Hirsch.

»Schickt sich das für ein Tier wie dich?«

»Jede Arbeit schickt sich«, erwiderte der Hirsch ernst, »die andern hilft, und Deine Not jammert mich. Doch eine Bedingung knüpfe ich an meine Hilfe.«

»Sprich«, drängte Ruprecht erregt.

»Lass mich Dein Helfer nicht nur in dieser einen, sondern in allen heiligen Nächten sein. Ein Pferd – und hätte es auch goldene Hufe – ist ein Tier, das man immer vor den Wagen spannt, welche Lasten man auch hat. Ich aber bin ein Bewohner der tiefen, verschwiegenen Wälder, die so geheimnisvoll sind wie Deine Weihnachtsbotengänge. Mein Tritt ist scheu und leise, nicht stampfend wie Rosseshufe – ich gebe keinen Laut von mir, ich scharre nicht ungeduldig, wenn Du Dich in der Hütte der Armut länger aufhältst als in den Palästen der Reichen. Nein – ich führe Dich sogar noch zu den Ärmsten der Armen, deren Häuser ich kenne, deren Not ich sehe, wenn sie im Walde Reisig suchen

40

und mich doch in der bitteren Kälte nicht vergessen. Willst Du mich also zum Begleiter, Knecht Ruprecht?«

Staunend betrachtete der Weihnachtsmann das schöne Tier, nicht fähig, sogleich zu antworten. »Hab' Dank«, sagte er dann freudig, »wie kannst du nur fragen, ob ich dich will.«

»So komm«, entschied der Hirsch. »Ich weiß, die Zeit drängt, und Du musst eilen, zum Ziele zu kommen. Es ist gut, dass ich schnell laufen kann, schneller als ein Ross, sonst würde es wohl doch noch zu spät.« Und ohne Umstände spannte sich das Tier vor den Wagen und zog ihn samt Knecht Ruprecht aus dem Walde. Leise, leise klangen die Glöckchen, wie eine feine, seltsame Melodie, und ein Lichtstreifen bezeichnete den Weg des Weihnachtsmannes.

Die Kinder aber, die um diese Zeit schon alle im Bette lagen und schliefen, ahnten nichts, dass er gekommen war, sie glaubten im Traume nur ein leises, wunderschönes Singen zu hören, als ob tausend Engelein die Harfen rührten. Aber als sie morgens aufwachten und sich die Äuglein rieben, ahnten sie nicht, dass dann gerade der Weihnachtsmann dagewesen und seine Gaben gebracht hatte.

Hast Du auch schon einmal so etwas geträumt, Lottchen? Nein? Nun, dann passe das nächste Mal nur besser auf und vergiss ja nicht, es mir zu erzählen. Hörst Du?

Leise rieselt der Schnee

Weihnachtsgebäck

Weinbeeren, Mandeln, Sultaninen,
süße Feigen und Rosinen,
welsche Nüsse – feingeschnitten,
Zitronat auch – muss ich bitten! –
Birnenschnitze doch zumeist
und dazu den Kirschengeist;
wohl geknetet mit der Hand
alles tüchtig durcheinand
und darüber Teig gewoben –
wirklich, das muss ich mir loben!
Solch ein Brot kann's nur im Leben
jedesmal zur Weihnacht geben!

Eier, Zucker und viel Butter
schaumig rührt die liebe Mutter;
kommt am Schluss das Mehl daran,
fangen wir zu helfen an.
In den Teig so glatt und fein
stechen unsre Formen ein;
Herzen, Vögel, Kleeblatt, Kreise –
braune Plätzchen, gelbe, weiße
sieht man bald – welch ein Vergnügen –
auf dem Blech im Ofen liegen.
Knusprig kommen sie heraus,
duften durch das ganze Haus.
Solchen Duft kann's nur im Leben
jedesmal zur Weihnacht geben!

Isabella Braun

Franz Graf von Pocci

Das fremde Kind

In einem kleinen Häuschen am Eingange eines Waldes lebte ein armer Tagelöhner, der sich mit Holzhauen mühsam sein Brot verdiente. Er hatte ein Weib und zwei Kinder, die ihm fleißig zur Arbeit halfen. Das Knäblein hieß Valentin und das Mädchen Marie, und die waren gehorsam und fromm zu der Eltern Freude und Trost. Als die guten Leute nun eines Winterabends, da es draußen schneite und wehte, beisammen saßen und ein Stücklein Brot verzehrten, dafür Gott von Herzen dankten und der Vater noch aus den biblischen Geschichten vorlas, da pochte es leise am Fenster zu ungewohnter Stunde, und ein feines Stimmchen rief draußen:

»O lasst mich ein in euer Haus, ich bin ein armes Kind und habe nichts zu essen und kein Obdach und meine schier vor Hunger und Frost umzukommen! O lasst mich ein!«

Da sprangen Valentin und Mariechen vom Tische auf, öffneten die Türe und sagten: »Komm herein, armes Kind, wir haben selber nicht viel, aber noch immer mehr als du, und was wir haben, das wollen wir mit dir teilen.«

Das fremde Kind trat ein und wärmte sich die erstarrten Glieder am Ofen, und die Kinder gaben ihm, was sie hatten, zu essen und sagten: »Du wirst wohl müde sein, komm, lege dich in unser Bettchen, wir können auf der Bank schlafen.«

Da sagte das fremde Kind: »Dank' es euch mein Vater im Himmel!«

Sie führten den kleinen Gast in ihr Kämmerlein, legten ihn zu Bett, deckten ihn zu und dachten sich: O wie gut haben wir es doch! Wir haben unsre warme Stube und unser Bettchen, das arme Kind hat aber gar nichts als den Himmel zum Dach und die Erde zum Lager.

Als nun die Eltern zur Ruhe gingen, legten sich Valentin und Marie auf die Bank beim Ofen und sagten zueinander: »Das fremde Kind wird sich nun freuen, dass es warm liegt. Gute Nacht!«

Es mochten aber die guten Kinder kaum einige Stunden geschlafen haben, als die kleine Marie erwachte und ihren Bruder leise weckte, indem sie zu ihm sprach: »Valentin, Valentin, wach' auf, wach' auf! Höre doch die schöne Musik vor den Fenstern!«

Da rieb sich Valentin die Äuglein und lauschte. Es war aber ein wundersames Klingen und Singen, dass sich vor dem Hause vernehmen ließ, und wie mit Harfenbegleitung hallte es:

O heil'ges Kind,
wir grüßen dich
mit Harfenklang
und Lobgesang.

Du liegst in Ruh',
du heil'ges Kind;
wir halten Wacht
in dunkler Nacht.

O Heil dem Haus,
in das du kehrst!
Es wird beglückt
und hoch entzückt.

Das hörten die Kinder und es befiel sie eine freudige, bange Angst, und sie traten ans Fenster, um zu schauen, was denn draußen geschehe. Im Osten sahen sie das Morgenrot glühen und vor dem Hause viele Kinder stehen, die goldene Harfen und Lauten in den Händen hatten und mit silbernen Kleidern angetan waren. Erstaunt und verwundert ob dieser Erscheinung, starrten sie zum Fenster hinaus, da berührte sie ein leiser Schlag, und als sie sich umwandten, da sahen sie das fremde Kind vor sich stehen, das ein Kleid von Goldstoff anhatte und mit einem glänzenden Schein um das goldgelockte Haupt geschmückt war, und sprach: »Ich bin das Jesukindlein, das in der Welt umherwandelt, um frommen Kindern Glück und Freude zu bringen. Ihr habt mich beherbergt diese Nacht, indem ihr mich für ein armes Kind hieltet, und ihr sollt nun meinen Segen haben.«

Da brach es ein Reislein von einem Tannenbaum, der am Hause stand, und pflanzte es in den Boden und sprach: »Das Reislein soll zum Baume werden und soll euch alljährig Früchte bringen.«

Und alsbald verschwand es mit den musizierenden Kindern – den Engeln. Das Tannenreis aber schoss empor und ward zum Weihnachtsbaum, der war behangen mit goldnen Äpfeln und Silbernüssen und blühte alle Jahre einmal. Und wenn ihr lieben Kinder zu Weihnachten vor dem reichgeschmückten Baume steht und euch freut, so gedenkt auch der armen Kinder, die kaum ein Stückchen Brot haben, um ihren Hunger zu stillen, und danket Gott!

Geschichte eines Pfefferkuchenmannes

Es war einmal ein Pfefferkuchenmann,
von Wuchs groß und mächtig,
und was seinen innern Wert betraf,
so sagte der Bäcker: »Prächtig.«

Auf dieses glänzende Zeugnis hin
erstand ihn der Onkel Heller
und stellte ihn seinem Patenkind,
dem Fritz, auf den Weihnachtsteller.

Doch kaum war mit dem Pfefferkuchenmann
der Fritz ins Gespräch gekommen,
da hatte er schon – aus Höflichkeit –
die Mütze ihm abgenommen.

Als schlafen ging der Pfefferkuchenmann,
da bog er sich krumm vor Schmerze:
an der linken Seite fehlte fast ganz
sein stolzes Rosinenherze!

Als Fritz tags drauf den Pfefferkuchenmann
besuchte, ganz früh und alleine,
da fehlten, o Schreck, dem armen Kerl
ein Arm und schon beide Beine!

Und wo einst saß am Pfefferkuchenmann
die mächt'ge Habichtsnase,
da war ein Loch! Und er weinte still
eine bräunliche Sirupblase.

Von nun an nahm der Pfefferkuchenmann
ein reißendes, schreckliches Ende:
Das letzte Stückchen kam schließlich durch Tausch
in Schwester Margretchens Hände.

Die kochte als sorgliche Hausfrau draus
für ihre hungrige Puppe
auf ihrem neuen Spiritusherd
eine kräftige, leckere Suppe.

Und das geschah dem Pfefferkuchenmann,
den einst so viele bewundert
in seiner Schönheit bei Bäcker Schmidt,
im Jahre neunzehnhundert.

JEAN PAUL

Manfred Kyber

Der kleine Tannenbaum

Es war einmal ein kleiner Tannenbaum im tiefen Tannenwalde, der wollte so gerne ein Weihnachtsbaum sein. Aber das ist gar nicht so leicht, als man das meistens in der Tannengesellschaft annimmt, denn der heilige Nikolaus ist in der Beziehung sehr streng und erlaubt nur den Tannen, als Weihnachtsbaum in Dorf und Stadt zu spazieren, die dafür ganz ordnungsmäßig in seinem Buch aufgeschrieben sind. Das Buch ist ganz schrecklich groß und dick, so wie sich das für einen guten alten Heiligen geziemt, und damit geht er im Walde herum in den klaren kalten Winternächten und sagt es allen den Tannen, die zum Weihnachtsfeste bestimmt sind. Und dann erschauern die Tannen, die zur Weihnacht erwählt sind, vor Freude und neigen sich dankend. Und dazu leuchtet des Heiligen Heiligenschein und das ist sehr schön und sehr feierlich.

Und der kleine Tannenbaum im tiefen Tannenwalde, der wollte so gerne ein Weihnachtsbaum sein. Aber manches Jahr schon ist der heilige Nikolaus in den klaren kalten Winternächten an dem kleinen Tannenbaum vorbeigegangen und hat wohl ernst und geschäftig in sein erschrecklich großes Buch geguckt, aber auch nichts und gar nichts dazu gesagt. Der arme kleine Tannenbaum war eben nicht ordnungsmäßig vermerkt – und da ist er sehr, sehr traurig geworden und hat ganz schrecklich geweint, so dass es ordentlich tropfte von allen Zweigen. Wenn jemand so weint, dass es tropft, so hört man das natürlich, und diesmal hörte das ein kleiner Wicht, der ein grünes Moosröcklein trug, einen grauen Bart und eine feuerrote Nase hatte und in einem dunklen Erdloch wohnte. Das Männchen aß Haselnüsse, am liebsten hohle, und las Bücher, am liebsten dicke, und war ein ganz boshaftes kleines Geschöpf. Aber den Tannenbaum mochte es leiden, weil es oft von ihm ein paar grüne Nadeln geschenkt bekam für sein gläsernes Pfeifchen, aus dem es immer blaue ringelnde Rauchwolken in die goldene Sonne blies – und darum ist der Wicht auch gleich herausgekommen, als er den Tannenbaum so jämmerlich weinen hörte, und hat gefragt:

»Warum weinst du denn so erschrecklich, dass es tropft?«

Da hörte der kleine Tannenbaum etwas auf zu tropfen und erzählte dem Männchen sein Herzeleid. Der Wicht wurde ganz ernst, und seine glühende Nase glühte so sehr, dass man befürchten konnte, das Moosröcklein finge Feuer, aber es war ja nur die Begeisterung, und das ist nicht gefährlich. Der Wichtelmann war also begeistert davon, dass der kleine Tannenbaum im tiefen Tannenwalde so gerne ein Weihnachtsbaum sein wollte, und sagte bedächtig, indem er sich aufrichtete und ein paar Mal bedeutsam schluckte:

»Mein lieber kleiner Tannenbaum, es ist zwar unmöglich, dir zu helfen, aber ich bin eben ich, und mir ist es vielleicht doch nicht unmöglich, dir zu helfen. Ich bin nämlich mit einigen Kerzenlichtern, darunter mit einem ganz bunten, befreundet, und die will ich bitten, zu dir zu kommen. Auch kenne ich ein großes Pfefferkuchenherz, das allerdings nur flüchtig – aber jedenfalls will ich sehen, was sich machen lässt. Vor allem aber weine nicht mehr so erschrecklich, dass es tropft.«

Damit nahm der kleine Wicht einen Eiszapfen in die Hand als Spazierstock und wanderte los durch den tiefen weiß verschneiten Wald, der fernen Stadt zu.

Es dauerte sehr, sehr lange, und am Himmel schauten schon die ersten Sterne der Heiligen Nacht durchs winterliche Dämmergrau auf die Erde hinab, und der kleine Tannenbaum war schon wieder ganz traurig

51

geworden und dachte, dass er nun doch wieder kein Weihnachtsbaum sein würde. Aber da kam's auch schon ganz eilig und aufgeregt durch den Schnee gestapft, eine ganze kleine Gesellschaft: der Wicht mit dem Eiszapfen in der Hand und hinter ihm sieben Kerzchen – und auch eine Zündholzschachtel war dabei, auf der sogar was draufgedruckt war und die so kurze Beinchen hatte, dass sie nur mühsam durch den Schnee wackeln konnte.

Wie sie nun alle vor dem kleinen Tannenbaum standen, da räusperte sich der kleine Wicht im Moosröcklein vernehmlich, schluckte ein paar Mal gar bedeutsam und sagte:

»Ich bin eben ich – und darum sind auch alle meine Bekannten mitgekommen. Es sind sieben Lichtlein aus allervornehmstem Wachs, darunter sogar ein buntes, und auch die Zündholzschachtel ist aus einer ganz besonders guten Familie, denn sie zündet nur an der braunen Reibfläche. Und jetzt wirst du also ein Weihnachtsbaum werden. Was aber das große Pfefferkuchenherz betrifft, das ich nur flüchtig kenne, so hat es auch versprochen zu kommen, es wollte sich nur noch ein Paar warme Filzschuhe kaufen, weil es gar so kalt ist draußen im Walde. Eine Bedingung hat es freilich gemacht: es muss gegessen werden, denn das müssen alle Pfefferkuchenherzen, das ist nun mal so. Ich habe schon einen Dachs benachrichtigt, den ich sehr gut kenne und dem ich einmal in einer Familienangelegenheit einen guten Rat gegeben habe. Er liegt jetzt im Winterschlaf, doch versprach er, als ich ihn weckte, das Pfefferkuchenherz zu speisen. Hoffentlich verschläft er's nicht!«

Als das Männchen das alles gesagt hatte, räusperte es sich wieder vernehmlich und schluckte ein paar Mal gar bedeutsam, und dann verschwand es im Erdloch. Die Lichtlein aber sprangen auf den kleinen Tannenbaum hinauf, und die Zündholzschachtel, die aus so guter Familie war, zog sich ein Zündholz nach dem anderen aus dem Magen, strich es an der braunen Reibfläche und steckte alle die Lichtlein der Reihe nach an. Und wie die Lichtlein brannten und leuchteten im tief verschneiten Walde, da ist auch noch keuchend und atemlos vom eiligen Laufen das Pfefferkuchenherz angekommen und hängte sich sehr freundlich und verbindlich mitten in den grünen Tannenbaum, trotzdem es nun doch die warmen Schuhe unterwegs verloren hatte und arg erschöpft war. Der kleine Tannenbaum aber, der so sehr ein Weihnachtsbaum sein wollte, der wusste nicht, wie ihm geschah, dass er nun doch ein Weihnachtsbaum war.

Am anderen Morgen aber ist der Dachs aus seiner Höhle gekrochen, um sich das Pfefferkuchenherz zu holen. Und wie er ankam, da hatten es die kleinen Englein schon gegessen, die ja in der Heiligen Nacht auf die Erde dürfen und die so gerne die Pfefferkuchenherzen speisen. Da ist der Dachs sehr böse geworden und hat sich bitter beklagt und ganz furchtbar auf den kleinen Tannenbaum geschimpft.

Dem aber war das ganz einerlei, denn wer einmal in seinem Leben seine Heilige Weihnacht gefeiert hat, den stört auch der frechste Frechdachs nicht mehr.

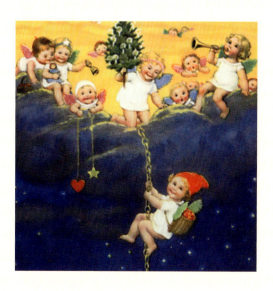

Leise rieselt der Schnee

Leise rieselt der Schnee,
still und starr liegt der See,
weihnachtlich glänzet der Wald,
freue dich, Christkind kommt bald.

In den Herzen ist's warm,
still schweigt Kummer und Harm,
Sorge des Lebens verhallt,
freue dich, Christkind kommt bald!

Bald ist Heilige Nacht,
Chor der Engel erwacht,
hört nur, wie lieblich es schallt:
Freue dich, Christkind kommt bald!

Eduard Ebel

O Tannenbaum

O Tannenbaum, o Tannenbaum,
wie grün sind deine Blätter!
Du grünst nicht nur zur Sommerzeit,
nein, auch im Winter, wenn es schneit.
O Tannenbaum, o Tannenbaum,
wie grün sind deine Blätter.

O Tannenbaum, o Tannenbaum,
du kannst mir sehr gefallen.
Wie oft hat nicht zur Weihnachtszeit
ein Baum von dir mich hocherfreut.
O Tannenbaum, o Tannenbaum,
du kannst mir sehr gefallen.

O Tannenbaum, o Tannenbaum,
dein Kleid will mich was lehren:
Die Hoffnung und Beständigkeit
gibt Trost und Kraft zu jeder Zeit.
O Tannenbaum, o Tannenbaum,
dein Kleid will mich was lehren.

August Zarnack – Ernst Anschütz

Hans Christian Andersen

Der Tannenbaum

Draußen im Walde stand ein niedlicher kleiner Tannenbaum. Er hatte einen guten Platz; Sonne konnte er bekommen, Luft war genug da, und ringsumher wuchsen viele größere Kameraden, sowohl Tannen als Fichten. Der kleine Tannenbaum wünschte aber so sehnlich, größer zu werden! Er achtete nicht der warmen Sonne und der frischen Luft, er kümmerte sich nicht um die Bauernkinder, die da umhergingen und plauderten, wenn sie herausgekommen waren, um Erdbeeren und Himbeeren zu sammeln. Oft kamen sie mit einem ganzen Topf voll und hatten Erdbeeren auf einen Grashalm gereiht; dann setzten sie sich neben den kleinen Tannenbaum und sagten: »Nein! Wie niedlich klein ist der!« Das mochte der Baum gar nicht hören.
Im folgenden Jahre war er um einen bedeutenden Ansatz größer und das Jahr darauf war er um noch einen länger; denn an den Tannenbäumen kann man immer an den vielen Ansätzen, die sie haben, sehen, wie viele Jahre sie gewachsen sind.
»Oh, wäre ich doch so ein großer Baum wie die andern!«, seufzte das kleine Bäumchen; »dann könnte ich meine Zweige so weit umher ausbreiten und mit der Krone in die weite Welt hinausblicken! Die Vögel würden dann Nester in meinen Zweigen bauen, und wenn der Wind wehte, könnte ich so vornehm nicken, gerade wie die andern dort!«
Er hatte gar keine Freude am Sonnenschein, an den Vögeln und an den roten Wolken, die morgens und abends über ihn hinsegelten.
War es dann Winter und der Schnee lag weiß und funkelnd ringsum-

her, so kam häufig ein Hase angesprungen und setzte gerade über den kleinen Baum weg – oh, das war ihm so ärgerlich!

Aber zwei Winter vergingen, und im dritten war das Bäumchen so groß, dass der Hase um dasselbe herumlaufen musste. »Oh! Wachsen, wachsen, groß und alt werden; das ist doch das einzig Schöne in dieser Welt«, dachte der Baum.

Im Herbste kamen immer Holzhauer und fällten einige der größten Bäume; das geschah jedes Jahr, und den jungen Tannenbaum, der nun ganz gut gewachsen war, schauerte dabei, denn die großen, prächtigen Bäume fielen mit Prasseln und Krachen zur Erde, die Zweige wurden ihnen abgehauen, die Bäume sahen ganz nackt, lang und schmal aus; sie waren fast nicht mehr zu erkennen. Aber dann wurden sie auf Wagen gelegt und Pferde zogen sie davon, aus dem Walde hinaus.

Wo sollten sie hin? Was stand ihnen bevor?

Im Frühjahr, als die Schwalben und Störche kamen, fragte der Baum: »Wisst ihr nicht, wohin sie geführt wurden? Seid ihr ihnen nicht begegnet?« Die Schwalben wussten nichts, aber der Storch sah nachdenklich aus, nickte mit dem Kopfe und sagte: »Ja, ich glaube wohl! Mir begegneten viele neue Schiffe, als ich aus Ägypten flog; auf den Schiffen waren prächtige Mastbäume; ich darf annehmen, dass sie es waren; sie hatten Tannengeruch; ich kann vielmals grüßen; ja! Die prangen, die prangen!«

»Oh, wäre ich doch auch groß genug, um über das Meer hinfahren zu können! Wie ist denn eigentlich dieses Meer und wie sieht es aus?«

»Ja, das zu erklären ist zu weitläufig«, sagte der Storch und ging fort.

»Freue dich deiner Jugend!«, sagten die Sonnenstrahlen, »freue dich deines frischen Wachstums, des jungen Lebens, das in dir ist.«

Und der Wind küsste den Baum und der Tau weinte Tränen über ihn; aber das verstand der Tannenbaum nicht. Wenn es gegen die Weihnachtszeit ging, wurden ganz junge Bäume gefällt, Bäume, die oft nicht einmal so groß oder gleichen Alters mit diesem Tannenbaum waren, der

weder Ruhe noch Rast hatte, sondern immer davonwollte. Diese jungen Bäume, und es waren grade die allerschönsten, behielten immer alle ihre Zweige; sie wurden auf Wagen gelegt und Pferde zogen sie fort, aus dem Walde hinaus. »Wohin sollen die?«, fragte der Tannenbaum. »Sie sind nicht größer als ich, vielmehr war einer da, der war viel kleiner! Weshalb behielten sie alle ihre Zweige? Wohin fahren sie?«

»Das wissen wir! Das wissen wir!«, zwitscherten die Sperlinge. »Unten in der Stadt haben wir in die Fenster gesehen! Wir wissen, wohin sie fahren! Oh, sie gelangen zur größten Pracht und Herrlichkeit, die man nur denken kann! Wir haben in die Fenster gesehen und haben wahrgenommen, dass sie mitten in der warmen Stube aufgepflanzt und mit den schönsten Sachen: vergoldeten Äpfeln, Honigkuchen, Spielzeug und vielen Hunderten von Lichtern geschmückt werden.«

»Und dann – ?«, fragte der Tannenbaum und bebte an allen Zweigen. »Und dann? Was geschieht dann?«

»Ja, mehr haben wir nicht gesehen! Das war unvergleichlich.«

»Ob ich wohl auch bestimmt bin, diesen strahlenden Weg zu betreten?«, jubelte der Tannenbaum. »Das ist noch besser, als über das Meer zu ziehen! Wie leide ich an Sehnsucht! Wäre es doch Weihnachten! Nun bin ich groß und ausgewachsen, wie die andern, die im vorigen Jahre weggeführt wurden! – Oh, wäre ich erst auf dem Wagen! Wäre ich doch erst in der warmen Stube mit aller Pracht und Herrlichkeit! Und dann – ? Ja, dann kommt noch etwas Besseres, noch weit Schöneres, weshalb würden sie uns sonst so schmücken! Es muss noch etwas Größeres, noch etwas Herrlicheres kommen – ! Aber was? Oh, ich leide! Ich sehne mich, ich weiß selbst nicht, wie mir ist!« »Freue dich unser!«, sagten Luft und Sonnenlicht; »freue dich deiner frischen Jugend im Freien!« Aber er freute sich durchaus nicht und wuchs und wuchs; Winter und Sommer stand er grün; dunkelgrün stand er da; die Leute, die ihn sahen, sagten: »Das ist ein schöner Baum!«

Und zur Weihnachtszeit wurde er vor allen zuerst gefällt. Die Axt hieb tief durch das Mark; der Baum fiel mit einem Seufzer zu Boden; er fühlte einen Schmerz, eine Ohnmacht; er konnte gar nicht an irgendein Glück denken, er war betrübt, von der Heimat scheiden zu müssen, von dem Flecke, auf dem er emporgeschossen war; er wusste ja, dass er die lieben alten Kameraden, die kleinen Büsche und Blumen ringsumher nie mehr sehen würde, ja vielleicht nicht einmal die Vögel. Die Abreise war durchaus nicht angenehm.

Der Baum kam erst wieder zu sich selbst, als er, im Hofe mit andern Bäumen abgepackt, einen Mann sagen hörte: »Dieser hier ist prächtig. Wir brauchen nur diesen!«

Nun kamen zwei Diener in vollem Putz und trugen den Tannenbaum in einen großen, schönen Saal. Ringsumher an den Wänden hingen Bilder und neben dem Kachelofen standen große, chinesische Vasen mit Löwen auf den Deckeln; da gab es Schaukelstühle, seidene Sofas, große Tische voller Bilderbücher und Spielzeug für hundertmal hundert Taler – wenigstens sagten das die Kinder. Und der Tannenbaum wurde in ein großes, mit Sand gefülltes Gefäß gestellt; aber niemand konnte sehen, dass es ein Gefäß war, denn es wurde rundherum mit grünem Zeuge behängt und stand auf einem großen bunten Teppich. Oh, wie der Baum bebte! Was wird nun wohl vorgehen? Sowohl die Diener als die Fräulein schmückten ihn. An seine Zweige hängten sie kleine Netze, ausgeschnitten aus farbigem Papier; jedes Netz war mit Zuckerwerk gefüllt; vergoldete Äpfel und Nüsse hingen herab, als wären sie festgewachsen, und über hundert rote, blaue und weiße Lichterchen wurden in den Zweigen festgesteckt. Puppen, die leibhaftig wie Menschen aussahen – der Baum hatte früher nie solche gesehen –, schwebten im Grünen, und hoch oben auf der Spitze wurde ein Stern von Flittergold befestigt; das war prächtig, ganz außerordentlich prächtig.

»Heut Abend«, sagten alle, »heut Abend wird er strahlen!«

Oh!, dachte der Baum, wäre es doch Abend! Würden nur die Lichter bald angezündet! Und was dann wohl geschieht? Ob da wohl Bäume aus dem Walde kommen, mich zu sehen? Ob die Sperlinge gegen die Fensterscheiben fliegen? Ob ich hier festwachse und Winter und Sommer geschmückt stehen werde? Ja, er riet nicht übel! Aber er hatte ordentlich Borkenschmerzen vor lauter Sehnsucht, und Borkenschmerzen sind für einen Baum ebenso schlimm wie Kopfschmerzen für uns andere.

Nun wurden die Lichter angezündet. Welcher Glanz! Welche Pracht! Der Baum bebte dabei an allen Zweigen so, dass eins der Lichter das Grüne anbrannte; es sengte ordentlich. »Gott bewahre uns!«, schrien die Fräulein und löschten es hastig aus. Oh, das war ein Grauen! Ihm war so bange, etwas von seinem Schmuck zu verlieren; er war ganz betäubt von all dem Glanze.

Und nun gingen beide Flügeltüren auf – und eine Menge Kinder stürzten herein, als wollten sie den ganzen Baum umwerfen; die älteren Leute kamen bedächtig nach. Die Kleinen standen ganz stumm – aber nur einen Augenblick, dann jubelten sie wieder, dass es nur so schallte, sie tanzten um den Baum herum, und ein Geschenk nach dem anderen wurde abgepflückt.

Was machen sie?, dachte der Baum. Was soll geschehen? Und die Lichter brannten bis dicht an die Zweige herunter, und je nachdem sie niederbrannten, wurden sie ausgelöscht, und dann erhielten die Kinder Erlaubnis, den Baum zu plündern. Oh, sie stürzten auf ihn ein, dass es in allen Zweigen knackte; wäre er nicht mit der Spitze und mit dem Goldstern an der Decke befestigt gewesen, so wäre er umgestürzt. Die Kinder tanzten mit ihrem prächtigen Spielzeuge herum. Niemand sah nach dem Baume, ausgenommen das alte

Kindermädchen, welches kam und zwischen die Zweige blickte, aber nur, um zu sehen, ob nicht noch eine Feige oder ein Apfel vergessen worden wäre.

»Eine Geschichte! Eine Geschichte!«, riefen die Kinder und zogen einen kleinen dicken Mann zu dem Baume hin; und er setzte sich grade unter denselben, »denn da sind wir im Grünen«, sagte er, »und der Baum kann besondern Nutzen davon haben, zuzuhören! Aber ich erzähle nur eine Geschichte. Wollt ihr die von Ivede-Avede oder die von Klumpe-Dumpe hören, der die Treppe hinunterfiel und doch zu Ehren kam und die Prinzessin erhielt?«

»Ivede-Avede!«, schrien einige, »Klumpe-Dumpe!«, schrien andere; das war ein Rufen und Schreien! Nur der Tannenbaum schwieg ganz still und dachte: Komme ich gar nicht mit, werde ich nichts dabei zu tun haben? Er war ja mit gewesen, hatte ja geleistet, was er sollte.

Und der Mann erzählte von Klumpe-Dumpe, welcher die Treppen hinunterfiel und doch zu Ehren kam und die Prinzessin erhielt. Und die Kinder klatschten in die Hände und riefen:

»Erzähle, erzähle!« Sie wollten auch die Geschichte von Ivede-Avede hören, aber sie bekamen nur die von Klumpe-Dumpe. Der Tannenbaum stand ganz stumm und gedankenvoll: Nie hatten die Vögel im Walde dergleichen erzählt. Klumpe-Dumpe fiel die Treppen herunter und bekam doch die Prinzessin! Ja, ja, so geht es in der Welt zu!, dachte der Tannenbaum und glaubte, dass es wahr sei, weil es ein so netter Mann war, der es erzählte! Ja, ja! Wer kann es wissen! Vielleicht falle ich auch die Treppe hinunter und bekomme eine Prinzessin. Und er freute sich darauf, den nächsten Tag wieder mit Lichtern und Spielzeug, Gold und Früchten angeputzt zu werden.

Morgen werde ich nicht zittern!, dachte er. Ich will mich recht aller meiner Herrlichkeit freuen. Morgen werde ich wieder die Geschichte von Klumpe-Dumpe und vielleicht auch die von Ivede-Avede hören. Und der Baum stand die ganze Nacht still und gedankenvoll. Am Morgen kamen die Diener und das Mädchen herein. Nun beginnt das Schmücken aufs Neue!, dachte der Baum. Aber sie schleppten ihn zum Zimmer hinaus, die Treppe hinauf auf den Boden, und hier, in einem dunklen Winkel, wo kein Tageslicht hinschien, stellten sie ihn hin. Was soll das bedeuten?, dachte der Baum. Was soll ich hier wohl machen? Was mag ich hier wohl hören sollen? Und er lehnte sich an die Mauer und dachte und dachte. Und er hatte Zeit genug; denn es vergingen Tage und Nächte: Niemand kam hinauf; und als endlich jemand kam, so geschah es, um einige große Kisten in den Winkel zu stellen. Nun stand der Baum ganz versteckt; man musste glauben, dass er völlig vergessen war. Jetzt ist es Winter draußen!, dachte der Baum. Die Erde ist hart und mit Schnee bedeckt, die Menschen können mich jetzt nicht pflanzen! Deshalb soll ich wohl bis zum Frühjahr hier im Schutze stehen! Wie wohl bedacht das ist! Wie die Menschen doch so gut sind! – Wäre es hier nur nicht so dunkel und so schrecklich einsam! – Nicht einmal ein kleiner Hase! – Das war doch so niedlich da draußen im Walde, wenn der Schnee lag und der Hase vorübersprang; ja, selbst als er über mich hinwegsprang; aber damals konnte ich es nicht leiden. Hier oben ist es doch schrecklich einsam!

»Piep, piep!«, sagte da eine kleine Maus und huschte hervor; und dann kam noch eine kleine. Sie beschnüffelten den Tannenbaum und dann schlüpften sie zwischen seine Zweige.

»Es ist eine gräuliche Kälte!«, sagten die kleinen Mäuse. »Sonst ist es hier gut sein! Nicht wahr, du alter Tannenbaum?«

»Ich bin gar nicht alt!«, sagte der Tannenbaum, »es gibt viele, die weit älter sind als ich!«

»Wo kommst du her?«, fragten die Mäuse. »Und was weißt du?« Sie waren gewaltig neugierig. »Erzähle uns doch von dem schönsten Orte auf Erden. Bist du dort gewesen? Bist du in der Speisekammer gewesen, wo Käse auf den Brettern liegen und Schinken unter der Decke hängen, wo man auf Talglicht tanzt, mager hineingeht und fett herauskommt?«

»Das kenne ich nicht!«, sagte der Baum. »Aber den Wald kenne ich, wo die Sonne scheint und wo die Vögel singen!« Und dann erzählte er alles aus seiner Jugend, und die kleinen Mäuse hatten früher dergleichen nie gehört und sie horchten auf und sagten: »Nein, wie viel du gesehen hast! Wie glücklich du gewesen bist!«

»Ich?«, sagte der Tannenbaum und dachte über das, was er selber erzählte, nach. »Ja, es waren im Grunde ganz fröhliche Zeiten!«

Aber dann erzählte er vom Weihnachtsabend, wo er mit Kuchen und Lichtern geschmückt war.

»Oh!«, sagten die kleinen Mäuse. »Wie glücklich du gewesen bist, du alter Tannenbaum!«

»Ich bin gar nicht alt«, sagte der Baum. »Erst diesen Winter bin ich vom Walde gekommen! Ich bin nur so im Wachstum zurückgeblieben.«

»Wie schön du erzählst!«, sagten die kleinen Mäuse. Und in der nächsten Nacht kamen sie mit vier andern kleinen Mäusen, die den Baum erzählen hören sollten, und je mehr er erzählte, desto deutlicher erinnerte er sich an alles und dachte: Es waren doch ganz fröhliche Zeiten! Aber sie können wieder kommen; Klumpe-Dumpe fiel die Treppe hinunter und erhielt die Prinzessin; vielleicht kann ich auch eine Prinzessin bekommen! Und da dachte der Tannenbaum an eine kleine niedliche Birke, die draußen im Walde wuchs; das war für den Tannenbaum eine wirkliche, schöne Prinzessin.

»Wer ist Klumpe-Dumpe?«, fragten die kleinen Mäuse. Und dann erzählte der Tannenbaum das ganze Märchen; er konnte sich jedes einzelnen Wortes entsinnen, und die kleinen Mäuse waren nahe daran, aus reiner

Freude bis an die Spitze des Baumes zu springen. In der folgenden Nacht kamen weit mehr Mäuse und am Sonntage sogar zwei Ratten; aber die meinten, die Geschichte sei nicht hübsch, und das betrübte die kleinen Mäuse, denn nun hielten sie auch weniger davon.

»Wissen Sie nur die eine Geschichte?«, fragten die Ratten.

»Nur die eine!«, sagte der Baum. »Die hörte ich an meinem glücklichsten Abend; damals dachte ich nicht daran, wie glücklich ich war.«

»Das ist eine höchst jämmerliche Geschichte! Wissen Sie keine von Speck oder Talglicht? Keine Speisekammergeschichte?«

»Nein!«, sagte der Baum.

»Dann danken wir dafür!«, erwiderten die Ratten und gingen zu den Ihrigen zurück. Die kleinen Mäuse blieben zuletzt auch weg, und da seufzte der Baum: »Es war doch ganz hübsch, als sie um mich herumsaßen, die beweglichen kleinen Mäuse, und zuhörten! Nun ist auch das vorbei! – Aber ich werde daran denken, mich zu freuen, wenn man mich wieder hervorholt!«

Aber wann geschah das? – Ja! Es war eines Morgens, da kamen Leute und wirtschafteten auf dem Boden; die Kisten wurden weggesetzt, der Baum wurde hervorgezogen; sie warfen ihn freilich ziemlich hart gegen den Fußboden, aber ein Diener schleppte ihn sogleich nach der Treppe hin, wo der Tag leuchtete. Nun beginnt das Leben wieder!, dachte der Baum; er fühlte die frische Luft, die ersten Sonnenstrahlen – und nun war er draußen im Hofe. Alles ging so geschwind; der Baum vergaß völlig, sich selbst zu betrachten; da war so vieles ringsumher zu sehen. Der Hof stieß an einen Garten und alles blühte darin; die Rosen hingen so frisch und duftend über das kleine Gitter hinaus, die Lindenbäume blühten, und die Schwalben flogen umher und sagten: »Quirre-virre-vit, mein Mann ist gekommen!« Aber es war nicht der Tannenbaum, den sie meinten.

»Nun werde ich leben!«, jubelte dieser und breitete seine Zweige weit aus: Aber ach, sie waren alle vertrocknet und gelb; und er lag da im Winkel zwischen Unkraut und Nesseln. Der Stern von Goldpapier saß noch oben an der Spitze und glänzte im hellen Sonnenschein.

Im Hofe selbst spielten einige von den munteren Kindern, die zur Weihnachtszeit den Baum umtanzt hatten und so fröhlich über ihn gewesen waren. Eins der kleinsten lief hin und riss den Goldstern ab. »Sieh, was da noch an dem hässlichen, alten Tannenbaum sitzt!«, sagte es und trat auf die Zweige, so dass sie unter seinen Stiefeln knackten. Und der Baum sah auf all die Blumenpracht und Frische im Garten; er betrachtete sich selbst und wünschte, dass er in seinem dunklen Winkel auf dem Boden liegen geblieben wäre; er gedachte seiner frischen Jugend im Walde, des lustigen Weihnachtsabends und der kleinen Mäuse, die so munter die Geschichte von Klumpe-Dumpe angehört hatten.

»Vorbei! Vorbei!«, sagte der alte Baum. »Hätte ich mich doch gefreut, als ich es noch konnte! Vorbei! Vorbei!«

Und der Knecht kam und hieb den Baum in kleine Stücke; ein ganzes Bündel lag da; hell flackerte es auf unter dem großen Braukessel; und er seufzte tief und jeder Seufzer war einem kleinen Schusse gleich; deshalb liefen die Kinder, die da spielten, herbei und setzten sich vor das Feuer, blickten in dasselbe hinein und riefen: »Pfiff! Pfaff!« Aber bei jedem Knall, der ein tiefer Seufzer war, dachte der Baum an einen Sommertag im Walde oder an eine Winternacht da draußen, wenn die Sterne funkelten; er dachte an den Weihnachtsabend und an Klumpe-Dumpe, das einzige Märchen, welches er gehört hatte und zu erzählen wusste, und dann war der Baum verbrannt.

Die Knaben spielten im Garten, und der kleinste hatte den Goldstern auf der Brust, den der Baum an seinem glücklichsten Abend getragen; und nun war der vorbei und mit dem Baum war es vorbei und mit der Geschichte auch; vorbei, vorbei – und so geht es mit allen Geschichten!

Der Traum

Ich lag und schlief; da träumte mir
ein wunderschöner Traum:
Es stand auf unserm Tisch
vor mir ein hoher Weihnachtsbaum.

Und bunte Lichter ohne Zahl,
die brannten ringsumher;
die Zweige waren allzumal
von goldnen Äpfeln schwer.

Und Zuckerpuppen hingen dran;
das war mal eine Pracht!
Da gab's, was ich nur wünschen kann
und was mir Freude macht.

Und als ich nach dem Baume sah
und ganz verwundert stand,
nach einem Apfel griff ich da,
und alles, alles schwand.

Da wacht' ich auf aus meinem Traum,
und dunkel war's um mich.
Du lieber, schöner Weihnachtsbaum,
sag an, wo find' ich dich?

Da war es just, als rief er mir:
»Du darfst nur artig sein;
dann steh ich wiederum vor dir;
jetzt aber schlaf nur ein!

Und wenn du folgst und artig bist,
dann ist erfüllt dein Traum,
dann bringet dir der heil'ge Christ
den schönsten Weihnachtsbaum.«

August Heinrich Hoffmann von Fallersleben

Hermynia zur Mühlen

Das Geschenk

Allabendlich, wenn das kleine Mädchen sein Gewissen erforschte, stieß es, unter wechselnden kleinen Vergehen, stets auf die gleiche große Sünde: Ich kann das Fräulein nicht leiden. Diese Sünde kehrte so regelmäßig wieder, dass das kleine Mädchen selbst sie mit einer gewissen Ungeduld konstatierte und fast vorwurfsvoll zum lieben Gott sagte: »Ich kann schon wieder das Fräulein nicht leiden!« Eigentlich war es beinahe ein wenig böse auf den lieben Gott, denn er hätte doch so leicht sein Herz umwandeln und mit jener Liebe erfüllen können, die man dem Nächsten schuldet.

Das kleine Mädchen wusste genau, wie gefährlich es sei, einen Menschen nicht zu mögen, das konnte zu dem ärgsten Verbrechen führen, vielleicht sogar zu Mord. Freilich, heute schrak es noch vor dem Gedanken zurück, das Fräulein zu ermorden, aber wenn es sich nicht bald besserte, so würde die Sünde in ihm immer größer werden, und was schließlich geschehen konnte, war nicht auszudenken.

Das kleine Mädchen wandte alle geistigen Hilfsmittel an, die der Herr Katechet es gelehrt hatte. Ja, ich weiß, der Heiland ist auch für das Fräulein gekreuzigt worden, hat mit seinem Blut auch das Fräulein erlöst; aber – es schnauft so, wenn wir bergauf gehen, wie der Bully, die liebe, dicke Bulldogge, nur dass es mich bei Bully nicht stört. Und das Fräulein will, wenn wir im Wald sind, nie Räuberhauptmann spielen, und immer sagt es, ich solle nicht vergessen, dass ich kein Bub sei, sondern ein Mädchen, und ich wäre doch so gern ein Bub ... Und jetzt hat es sich ein grässliches Kleid genäht, changeant Seide, so drei Farben, die schimmernd ineinander übergehen, lauter hässliche Farben. Und wegen dieses dummen Kleides habe ich meine ewige Seligkeit gefährden müssen, weil das Fräulein mich gefragt hat, ob es schön sei. Man darf keinem Menschen die Freude an etwas verderben, das weiß ich, deshalb habe ich »ja« gesagt, was eine Lüge war. Und lügen darf man auch nicht. Es ist furchtbar.

Das kleine Mädchen blickte zu dem vom Plafond hängenden Mistelzweig empor. In drei Wochen ist Weihnachten, dachte es. Und ich habe der Großmutter versprochen, die ganze Adventszeit hindurch lieb zu sein. Auch mit dem Fräulein. Wenn es nur nicht so dick wäre und nicht so schnaufen würde! Die Großmutter hat gesagt, vielleicht werde auch ich, wenn ich alt bin, dick und muss dann schnaufen, aber das kann ich nicht glauben. Und dieses Jahr fährt das Fräulein über Weihnachten nicht nach Hause. Es ist schrecklich. Und überhaupt ...

Das kleine Mädchen blies die Kerze aus – diese Geschichte spielt zu einer Zeit, da in den Schlafzimmern noch Kerzen brannten und die Kinder gelehrt wurden, dass es auch außer ihnen noch Menschen auf der Welt gebe, auf die man Rücksicht nehmen müsse –, legte sich aufs Kissen zurück und wollte schlafen. Aber die große Sünde hielt es noch eine Zeit lang wach. Es dachte an seinen allerliebsten Heiligen, den heiligen Franziskus von Assisi. Ob er das Fräulein lieb gehabt hätte, lieb wie den Bruder Wolf? Vielleicht aber ist es leichter, alle Menschen zu lieben, wenn man umherwandern darf; wenn man jedoch mit ihnen im Schulzimmer sitzt und schreckliche Rechenaufgaben macht, die ja ohnehin kein Mensch versteht ... Und wenn man jeden Tag mit einem schnaufenden Menschen spazieren gehen muss ... ob wohl auch einer der heiligen Brüder, die den heiligen Franziskus begleitet haben, geschnauft hat?

Das kleine Mädchen schlief ein, ehe es auf diese Frage eine Antwort finden konnte.

Die Tage bis Weihnachten vergingen rasch. Das kleine Mädchen stickte leidenschaftlich an einer Decke für die Großmutter, blaue und rote und grüne Kreuzstiche, und wenn man sich beim Zählen irrte, musste man alles wieder auftrennen. Es stickte auch, weniger leidenschaftlich, an einem Paar Pantoffeln für das Fräulein: einen grünen Grund mit roten Rosen. Und allmählich begann es im Haus nach Weihnachten zu riechen, nach Tannen und Wachskerzen, und es gab, wie alle Jahre, verschlossene Türen und verschlossene Schränke, und bisweilen zwischen der Großmutter und dem Fräulein ein Geflüster, das verstummte, sobald das kleine Mädchen kam.

Das kleine Mädchen freute sich auf Weihnachten, freute sich vor allem auf den lieben, dicken, lockigen Wachsengel, der jedes Jahr von der Spitze der Tanne herabhing, mit golden leuchtenden kleinen Flügeln, und der blaue Augen und einen sehr roten Mund hatte. Es freute sich auf die Überraschung der Großmutter, wenn es ihr die schöne Decke geben würde, denn natürlich ahnte die Großmutter nichts davon, und das kleine Mädchen sah schon jetzt die Freude auf dem lieben Gesicht und hörte die zärtlichen Worte: »So eine große Arbeit, mein kleines Lotterl! Wie musst du dich geplagt haben! Ich danke dir, ich danke dir sehr.«

Und dann kam endlich wirklich der Weihnachtsabend. Der Engel schwebte vom Christbaum nieder, das kleine Mädchen freute sich über die erhaltenen Geschenke und über die Freude der von ihm Beschenkten. Es war selig bis zu dem Augenblick, da es, unter anderen Dingen bescheiden verborgen, ein Seidenkleidchen fand, ein changeant Seidenkleidchen, drei hässliche Farben, die schillernd ineinander übergingen, genau wie bei dem Kleid, das das Fräulein heute trug, und genäht von dem Fräulein.

Das kleine Mädchen schluckte heftig, dann überwand es sich, küsste dem Fräulein die Hand und sagte artig: »Danke sehr. Ich ... freue mich schrecklich ...!«

Und es legte das Kleidchen hastig wieder auf den Gabentisch zurück. Ich werde es nie tragen, dachte es zornig, dieses abscheuliche Kleid! Ich bin doch keine Vogelscheuche. Wie kann man einem Menschen so etwas schenken!

Als das kleine Mädchen der Großmutter Gute Nacht wünschte und noch einmal für alles dankte, sagte diese sanft:

»Mein Lotterl, du hast mich heute enttäuscht. Du warst grausam.«

Das kleine Mädchen erschrak. Gegen wen war es grausam gewesen?

»Das Kleidchen ...«, sagte die sanfte Stimme. »Denke doch, mit wie viel Freude das Fräulein es genäht hat! So viele, viele kleine Stiche. Heimlich am Abend, wenn du schon geschlafen hast. Und du hast dich nicht gefreut. Hast du denn nicht gesehen, wie das Fräulein auf den Augenblick gewartet hat, da du unter den anderen Geschenken das Kleidchen finden würdest?«

»Es ... es ist so abscheulich«, stotterte das kleine Mädchen verlegen.

»Weniger abscheulich, Lotterl, als dein Benehmen. Denk ein wenig darüber nach. Gute Nacht, mein Herz.«

Das kleine Mädchen hatte viel Naschwerk gegessen und vielleicht war das der Grund, dass es heute nicht einschlafen konnte. Oder waren es vielleicht die Worte der Großmutter, die es wach hielten? Nun fiel ihm plötzlich ein, dass das Fräulein es so seltsam angesehen hatte, während es das Kleid vom Gabentisch nahm. So ... so erwartungsvoll. Und nachher war das Gesicht des Fräuleins plötzlich düster geworden, als ob ein Schatten darauf gefallen wäre. Und es hatte den ganzen Abend kein einziges Mal gelacht.

Das kleine Mädchen wurde sehr ernst. Es schlang den einen Arm um die neue Puppe und den anderen um die alte, die es auch ins Bett

73

genommen hatte, damit sie nicht auf die neue eifersüchtig sei, und dachte: Vielleicht war ich wirklich abscheulich. Wie hätte es mich gekränkt, wenn die Großmutter sich über die Decke nicht gefreut hätte! Und dabei ist im linken Eck ein Zählfehler. Aber ich hatte keine Zeit mehr zum Auftrennen. Sicher hat die Großmutter ihn gleich gesehen, doch hat sie nichts gesagt, um mir nicht die Freude zu verderben. Ich aber habe am Weihnachtsabend einem Menschen die Freude verdorben. Wie könnte ich das gutmachen? Kann man so etwas überhaupt gutmachen? Das kleine Mädchen wurde betrübt. Sicher ist das Fräulein sehr traurig. So viele, viele kleine Stiche! Bis spät in die Nacht hat es genäht, während ich geschlafen habe. Und ich hatte doch gesagt, dass der Stoff hübsch sei, deshalb hat das Fräulein geglaubt ...

Dem kleinen Mädchen kamen plötzlich die Tränen in die Augen. Nein, nie hätte der heilige Franziskus sich so benommen, und dabei hat ihm sein Vater, der ihn ja nicht verstanden hat, bestimmt zu Weihnachten schreckliche Dinge geschenkt. Oh, was soll ich tun, was soll ich tun ...? Und dann kam ihm ein rettender Gedanke. Es zündete leise die Kerze an, nahm sie in die Hand, huschte über den Korridor in das große Wohnzimmer, wo der Christbaum stand. Wie geheimnisvoll er aussah und wie lieb der Wachsengel war. Fast schien es, als bewege er die Flügel. Das kleine Mädchen nahm vom Tisch das Seidenkleidchen, schlüpfte hinein und bemerkte dabei erfreut, dass es hinten schließe, wie ein »erwachsenes« Kleid. Mühselig hakte es das Kleid zusammen, es traf in der Eile nicht die richtigen Haken und Ösen, aber das schadete nichts. Und dann lief es abermals über den Korridor und klopfte an der Tür des Fräuleins.

Das Fräulein war noch auf und öffnete sofort. »Lotterl?«, fragte es erschrocken. »Fehlt dir etwas?«

»Nein«, sagte das kleine Mädchen mit strahlendem Lächeln. »Ich wollte Ihnen nur zeigen, wie schön das Kleid ist. Und dass es hinten schließt, ist ganz besonders herrlich. Und ich wollte Ihnen nur noch einmal sehr danken für die große Freude ...«

Wie lieb das Fräulein lächeln konnte, fast wie der Wachsengel. Und wie froh es mit einem Mal aussah! Das kleine Mädchen empfand ein angenehmes Gefühl. Es fiel dem Fräulein um den Hals und küsste es.

»Frohe Weihnachten!«, sagte es leise und lief in sein Zimmer zurück. Als es wieder im Bett lag, fiel ihm ein, dass es heute vor lauter Aufregung nicht sein Gewissen erforscht habe. Es war schon schläfrig, aber während es noch vor sich hin murmelte: »Ich habe wieder einmal mein Spielzeug nicht aufgeräumt, ich war gefräßig und habe zu viel Süßigkeiten gegessen«, merkte es plötzlich, dass die eine, die große Sünde sich nicht wie sonst vordrängte. Erstaunt sagte es zu sich selbst: »Schau, wie komisch! Jetzt kann ich das Fräulein gut leiden. Sehr gut sogar.« Erleichtert dachte es weiter: Nun liebe ich alle meine Nächsten. Es blies die Kerze aus, schlang die Arme um beide Puppen und schlief ein.

Im Traum sah es den Wachsengel, der ihm freundlich zunickte und sang: »Friede auf Erden ...« Und das kleine Mädchen lächelte im Schlaf.

Alle Jahre wieder

Die Winterfahrt des Christkindes

Lautlos gleiten dunkle Flocken,
decken zu die Erde sacht,
und mir ist, als hört' ich Glocken,
– Silberglöcklein – in der Nacht.

Höre auch ein Rösslein schnauben,
leise wiehernd kommt's heran,
und zwei Schimmel, flink wie Tauben,
traben her auf glatter Bahn.

Auf dem Schlitten, lichtumflossen,
sitzt ein blondes, sanftes Kind;
prächtige Gaben ausgegossen
um den holden Knaben sind:

Puppen fein im bunten Kleide,
Teddy, Ball und Naschwerk mild
und der Braven Augenweide,
Bücher, reich an Schmuck und Bild.

Und des Christkinds Treugefährte,
Ruprecht, mit bereiftem Bart,
lenkt die windesschnellen Pferde,
leitet stumm die nächt'ge Fahrt.

Eilig fliegt mit Schellensingen
hin der Zug in lichter Pracht,
seine hellen Glöcklein klingen
fern noch durch die Winternacht.

ÜBERLIEFERT

Leo Tolstoi

Eine Erzählung für Kinder

Ein Mädchen und ein Knabe fuhren in einer Kalesche von einem Dorf in das andere. Das Mädchen war fünf und der Knabe sechs Jahre alt. Sie waren nicht Geschwister, sondern Cousin und Cousine. Ihre Mütter waren Schwestern. Die Mütter waren zu Gast geblieben und hatten die Kinder mit der Kinderfrau nach Hause geschickt.

Als sie durch ein Dorf kamen, brach ein Rad am Wagen, und der Kutscher sagte, sie könnten nicht weiterfahren. Das Rad müsse ausgebessert werden, und er werde es sogleich besorgen.

»Das trifft sich gut«, sagte die Niania, die Kinderfrau. »Wir sind so lange gefahren, dass die Kinderchen hungrig geworden sind. Ich werde ihnen Brot und Milch geben, die man uns zum Glück mitgegeben hat.«

Es war im Herbst, und das Wetter war kalt und regnerisch. Die Kinderfrau trat mit den Kindern in die erste Bauernhütte, an der sie vorüberkamen. Die Stube war schwarz, der Ofen ohne Rauchfang. Wenn diese Hütten im Winter geheizt werden, wird die Tür geöffnet, und der Rauch zieht so lange aus der Tür, bis der Ofen heiß ist.

Die Hütte war schmutzig und alt, mit breiten Spalten im Fußboden. In einer Ecke hing ein Heiligenbild, ein Tisch mit Bänken stand davor. Ihm gegenüber befand sich ein großer Ofen.

Die Kinder sahen in der Stube zwei gleichaltrige Kinder; ein barfüßiges Mädchen, das nur mit einem schmutzigen Hemdchen bekleidet war, und einen dicken, fast nackten Knaben. Noch ein drittes Kind, ein einjähriges Mädchen, lag auf der Ofenbank und weinte ganz herzzerreißend.

Die Mutter suchte es zu beruhigen, wandte sich aber von ihm ab, als die Kinderfrau eine Tasche mit blinkendem Schloss aus dem Wagen ins Zimmer brachte. Die Bauernkinder staunten das glänzende Schloss an und zeigten es einander. Die Kinderfrau nahm eine Flasche mit warmer Milch und Brot aus der Reisetasche, breitete ein sauberes Tuch auf dem Tisch aus und sagte: »So, Kinderchen, kommt, ihr seid doch wohl hungrig geworden?« Aber die Kinder folgten ihrem Ruf nicht. Sonja, das Mädchen, starrte die halbnackten Bauernkinder an und konnte den Blick nicht von ihnen abwenden. Sie hatte noch nie so schmutzige Hemdchen und so nackte Kinder gesehen und staunte sie nur so an. Petja aber, der Knabe, sah bald seine Base, bald die Bauernkinder an und wusste nicht, ob er lachen oder sich wundern sollte. Mit besonderer Aufmerksamkeit musterte Sonja das kleine Mädchen auf der Ofenbank, das noch immer laut schrie.

»Warum schreit sie denn so?«, fragte Sonja.

»Sie hat Hunger«, sagte die Mutter.

»So geben Sie ihr doch etwas.«

»Gern, aber ich habe nichts.«

»So, jetzt kommt«, sagte die Niania, die inzwischen das Brot geschnitten und zurechtgelegt hatte.

Die Kinder folgten dem Ruf und traten an den Tisch. Die Kinderfrau goss ihnen Milch in kleine Gläschen ein und gab jedem ein Stück Brot. Sonja aber aß nicht und schob das Glas von sich fort. Und Petja sah sie an und tat das gleiche. »Ist es denn wahr?«, fragte Sonja, auf die Bauersfrau zeigend.

»Was denn?«, fragte die Niania.

»Dass sie keine Milch hat?«

»Wer soll das wissen? Euch geht es nichts an.«

»Ich will nicht essen«, sagte Sonja.

»Ich will auch nicht essen«, sprach Petja.

81

»Gib ihr die Milch«, sagte Sonja, ohne den Blick von dem kleinen Mädchen abzuwenden.

»Schwatze doch keinen Unsinn«, sagte die Niania. »Trinkt, sonst wird die Milch kalt.«

»Ich will nicht essen, ich will nicht!«, rief Sonja plötzlich. »Und auch zu Hause werde ich nicht essen, wenn du ihr nichts gibst.«

»Trinkt ihr zuerst, und wenn etwas übrigbleibt, so gebe ich ihr.«

»Nein, ich will nichts haben, bevor du ihr nicht etwas gegeben hast. Ich trinke auf keinen Fall.«

»Ich trinke auch nicht«, wiederholte Petja.

»Ihr seid dumm und redet dummes Zeug«, sagte die Kinderfrau. »Man kann doch nicht alle Menschen gleichmachen! Das hängt eben von Gott ab, der dem einen mehr gibt als dem andern. Euch, eurem Vater hat Gott viel gegeben.«

»Warum hat er ihnen nichts gegeben?«

»Das geht uns nichts an – wie Gott will«, sagte die Niania.

Sie goss ein wenig Milch in eine Tasse und gab diese der Bauersfrau. Das Kind trank und beruhigte sich.

Die beiden anderen Kinder aber beruhigten sich noch immer nicht, und Sonja wollte um keinen Preis etwas essen oder trinken. »Wie Gott will ...«, wiederholte sie. »Aber warum will er es so? Er ist ein böser Gott, ein hässlicher Gott, ich werde nie wieder zu ihm beten.«

»Pfui, wie abscheulich!«, sagte die Niania. »Warte, ich sage es deinem Papa.«

»Du kannst es ruhig sagen, ich habe es mir ganz bestimmt vorgenommen. Es darf nicht sein, es darf nicht sein.«

»Was darf nicht sein?«, fragte die Niania.

»Dass die einen viel haben und die anderen gar nichts.«

»Vielleicht hat Gott es absichtlich so gemacht«, sagte Petja.

»Nein, er ist schlecht, schlecht. Ich will weder essen noch trinken. Er ist ein schlimmer Gott! Ich liebe ihn nicht.«

Plötzlich tönte vom Ofen herab eine heisere, vom Husten unterbrochene Stimme. »Kinderchen, Kinderchen, ihr seid liebe Kinderchen, aber ihr redet Unsinn.«

Ein neuer Hustenanfall unterbrach die Worte des Sprechenden. Die Kinder starrten erschrocken zum Ofen hinauf und erblickten dort ein runzliges Gesicht und einen grauen Kopf, der sich vom Ofen herabneigte.

»Gott ist nicht böse, Kinderchen, Gott ist gut. Er hat alle Menschen lieb. Es ist nicht sein Wille, dass die einen Weißbrot essen, während die anderen nicht einmal Schwarzbrot haben. Nein, die Menschen haben es so eingerichtet. Und sie haben es darum getan, weil sie ihn vergessen haben.«

Der Alte bekam wieder einen Hustenanfall.

»Sie haben ihn vergessen und es so eingerichtet, dass die einen im Überfluss leben und die anderen in Not und Elend vergehen. Würden die Menschen nach Gottes Willen leben, dann hätten alle, was sie nötig haben.« »Was soll man aber tun, damit alle Menschen alles Nötige haben?«, fragte Sonja.

»Was man tun soll?«, wisperte der Alte. »Man soll Gottes Wort befolgen. Gott befiehlt, man soll alles in zwei Teile teilen.«
»Wie, wie?«, fragte Petja.
»Gott befiehlt, man soll alles in zwei Teile teilen.«
»Er befiehlt, man soll alles in zwei Teile teilen«, wiederholte Petja. »Wenn ich einmal groß bin, werde ich das tun.«
»Ich tue es auch«, versicherte Sonja.
»Ich habe es eher gesagt als du!«, rief Petja. »Ich werde es so machen, dass es keine Armen mehr gibt.«
»Na, nun habt ihr genug Unsinn geschwatzt«, sagte die Niania. »Trinkt die Milch aus.«
»Wir wollen nicht, wollen nicht, wollen nicht!«, riefen die Kinder einstimmig aus. »Wenn wir erst groß sind, tun wir es unbedingt.«
»Ihr seid brave Kinderchen«, sagte der Alte und verzog seinen Mund zu einem breiten Lachen, dass die beiden einzigen Zähne in seinem Unterkiefer sichtbar wurden. »Ich werde es leider nicht mehr erleben. Ihr habt aber einen wackeren Entschluss gefasst. Gott helfe euch.«
»Mag man mit uns machen, was man will«, rief Sonja, »wir tun es doch!«
»Wir tun es doch«, sagte auch Petja.
»Das ist recht, das ist recht«, sprach der Alte lächelnd und hustete wieder. »Und ich werde mich dort oben über euch freuen«, sprach er, nachdem der Husten vorbei war. »Seht nur zu, dass ihr's nicht vergesst.«
»Nein, wir vergessen es nicht!«, riefen die Kinder aus.
»Recht so, das wäre also abgemacht.«
Der Kutscher kam mit der Nachricht, dass das Rad ausgebessert sei, und die Kinder verließen die Stube.
Was aber weiter sein wird, werden wir ja sehen.

Alle Jahre wieder

Alle Jahre wieder kommt das Christuskind
auf die Erde nieder, wo wir Menschen sind.

Kehrt mit seinem Segen ein in jedes Haus,
geht auf allen Wegen mit uns ein und aus.

Steht auch mir zur Seite still und unerkannt,
dass es treu mich leite an der lieben Hand.

Friedrich Silcher

Selma Lagerlöf

Die Heilige Nacht

Als ich fünf Jahre alt war, hatte ich einen großen Kummer. Ich weiß kaum, ob ich seitdem einen größeren gehabt habe.
Das war, als meine Großmutter starb. Bis dahin hatte sie jeden Tag auf dem Ecksofa in ihrer Stube gesessen und Märchen erzählt.
Ich weiß es nicht anders, als dass Großmutter dasaß und erzählte, vom Morgen bis zum Abend, und wir Kinder saßen still neben ihr und hörten zu. Das war ein herrliches Leben. Es gab keine Kinder, denen es so gut ging wie uns. Ich erinnere mich nicht an sehr viel von meiner Großmutter. Ich erinnere mich, dass sie ein schönes, kreideweißes Haar hatte, und dass sie sehr gebückt ging, und dass sie immer dasaß und an einem Strumpf strickte.
Dann erinnere ich mich auch, dass sie, wenn sie ein Märchen erzählt hatte, ihre Hand auf meinen Kopf zu legen pflegte, und dann sagte sie: »Und das alles ist so wahr, wie dass ich dich sehe und du mich siehst.« Ich entsinne mich auch, dass sie schöne Lieder singen konnte, aber das tat sie nicht alle Tage. Eines dieser Lieder handelte von einem Ritter und einer Meerjungfrau, und es hatte den Kehrreim: »Es weht so kalt, es weht so kalt, wohl über die weite See.« Dann entsinne ich mich eines kleinen Gebets, das sie mich lehrte, und eines Psalmverses. Von allen den Geschichten, die sie mir erzählte, habe ich nur eine schwache, unklare Erinnerung. Nur an eine einzige von ihnen erinnere ich mich so gut, dass ich sie erzählen könnte. Es ist eine kleine Geschichte von Jesu Geburt.

Seht, das ist beinahe alles, was ich noch von meiner Großmutter weiß, außer dem, woran ich mich am besten erinnere, nämlich dem großen Schmerz, als sie dahinging.

Ich erinnere mich an den Morgen, an dem das Ecksofa leer stand und es unmöglich war zu begreifen, wie die Stunden des Tages zu Ende gehen sollten. Daran erinnere ich mich. Das vergesse ich nie.

Und ich erinnere mich, dass wir Kinder hingeführt wurden, um die Hand der Toten zu küssen. Und wir hatten Angst, es zu tun, aber da sagte uns jemand, dass wir nun zum letztenmal Großmutter für alle die Freude danken könnten, die sie uns gebracht hatte.

Und ich erinnere mich, wie Märchen und Lieder vom Hause wegfuhren, in einen langen, schwarzen Sarg gepackt, und niemals wiederkamen. Ich erinnere mich, dass etwas aus dem Leben verschwunden war. Es war, als hätte sich die Tür zu einer ganz schönen, verzauberten Welt geschlossen, in der wir früher frei aus und ein gehen durften. Und nun gab es niemand mehr, der sich darauf verstand, diese Tür zu öffnen.

Und ich erinnere mich, dass wir Kinder so allmählich lernten, mit Spielzeug und Puppen zu spielen und zu leben wie andere Kinder auch, und da konnte es ja den Anschein haben, als vermissten wir Großmutter nicht mehr, als erinnerten wir uns nicht mehr an sie.

Aber noch heute, nach vierzig Jahren, wie ich dasitze und die Legenden über Christus sammle, die ich drüben im Morgenland gehört habe, wacht die kleine Geschichte von Jesu Geburt, die meine Großmutter zu erzählen pflegte, in mir auf. Und ich bekomme Lust, sie noch einmal zu erzählen und sie auch in meine Sammlung mit aufzunehmen. Es war an einem Weihnachtstag, alle waren zur Kirche gefahren, außer Großmutter und mir. Ich glaube, wir beide waren im ganzen Haus allein. Wir hatten nicht mitfahren können, weil die eine zu jung und die andere zu alt war. Und alle beide waren wir betrübt, dass wir nicht zum Mettegesang fahren und die Weihnachtslichter sehen

konnten. Aber wie wir so in unserer Einsamkeit saßen, fing Großmutter zu erzählen an.

»Es war einmal ein Mann«, sagte sie, »der in die dunkle Nacht hinaus-
ging, um sich Feuer zu leihen. Er ging von Haus zu Haus und klopfte
an. »Ihr lieben Leute, helft mir!«, sagte er. »Mein Weib hat eben ein
Kindlein geboren, und ich muss Feuer anzünden, um sie und den Kleinen zu erwärmen.« Aber es war tiefe Nacht, so dass alle Menschen
schliefen, und niemand antwortete ihm.

Der Mann ging und ging. Endlich erblickte er in weiter Ferne einen
Feuerschein. Da wanderte er dieser Richtung zu und sah, dass das Feuer
im Freien brannte. Eine Menge weißer Schafe lagen rings um das
Feuer und schliefen, und ein alter Hirt wachte über der Herde. Als der
Mann, der Feuer leihen wollte, zu den Schafen kam, sah er, dass drei
große Hunde zu Füßen des Hirten ruhten und schliefen. Sie erwachten
alle drei bei seinem Kommen und sperrten ihre weiten Rachen auf, als
ob sie bellen wollten, aber man vernahm keinen Laut. Der Mann sah,
dass sich die Haare auf ihren Rücken sträubten, er sah, wie ihre schar-
fen Zähne funkelnd weiß im Feuerschein leuchteten, und wie sie auf
ihn losstürzten. Er fühlte, dass einer nach seiner Hand, und dass einer
sich an seine Kehle hängte. Aber die Kinnladen und die Zähne, mit
denen die Hunde beißen wollten, gehorchten ihnen nicht, und der Mann
litt nicht den kleinsten Schaden.

Nun wollte der Mann weitergehen, um das zu finden, was er brauchte.
Aber die Schafe lagen so dicht nebeneinander, Rücken an Rücken, dass
er nicht vorwärts kommen konnte. Da stieg der Mann auf die Rücken
der Tiere und wanderte über sie hin dem Feuer zu. Und keins von den
Tieren wachte auf oder regte sich.«

Soweit hatte Großmutter ungestört erzählen können, aber nun konnte
ich es nicht lassen, sie zu unterbrechen. »Warum regten sie sich nicht,
Großmutter?«, fragte ich.

88

»Das wirst du nach einem Weilchen schon erfahren«, sagte Großmutter und fuhr mit ihrer Geschichte fort. »Als der Mann fast beim Feuer angelangt war, sah der Hirt auf. Es war ein alter, mürrischer Mann, der unwirsch und hart gegen alle Menschen war. Und als er einen Fremden kommen sah, griff er nach seinem langen, spitzigen Stabe, den er in der Hand zu halten pflegte, wenn er seine Herde hütete, und warf ihn nach ihm. Und der Stab fuhr zischend gerade auf den Mann los, aber ehe er ihn traf, wich er zur Seite und sauste, an ihm vorbei, weit über das Feld.« Als Großmutter soweit gekommen war, unterbrach ich sie abermals. »Großmutter, warum wollte der Stock den Mann nicht schlagen?« Aber Großmutter ließ es sich nicht einfallen, mir zu antworten, sondern fuhr mit ihrer Erzählung fort.

»Nun kam der Mann zu dem Hirten und sagte zu ihm: »Guter Freund, hilf mir und leih mir ein wenig Feuer. Mein Weib hat eben ein Kindlein geboren, und ich muss Feuer machen, um sie und den Kleinen zu erwärmen.« Der Hirt hätte am liebsten nein gesagt, aber als er daran dachte, dass die Hunde dem Manne nicht hatten schaden können, dass die Schafe nicht vor ihm davongelaufen waren und dass sein Stab ihn nicht fällen wollte, da wurde ihm ein wenig bange, und er wagte es nicht, dem Fremden das abzuschlagen, was er begehrte. »Nimm, soviel du brauchst«, sagte er zu dem Manne. Aber das Feuer war beinahe ausgebrannt. Es waren keine Scheite und Zweige mehr übrig, sondern nur ein großer Gluthaufen, und der Fremde hatte weder Schaufel noch Eimer, worin er die roten Kohlen hätte tragen können. Als der Hirt dies sah, sagte er abermals: »Nimm, soviel du brauchst!« Und er freute sich, dass der Mann kein Feuer wegtragen konnte. Aber der Mann beugte sich hinunter, holte die Kohlen mit bloßen Händen aus der Asche und legte sie in seinen Mantel. Und weder versengten die Kohlen seine Hände, als er sie berührte, noch versengten sie seinen Mantel, sondern der Mann trug sie fort, als wenn es Nüsse oder Äpfel wären.«

Aber hier wurde die Märchenerzählerin zum drittenmal unterbrochen. »Großmutter, warum wollte die Kohle den Mann nicht brennen?«

»Das wirst du schon hören«, sagte Großmutter, und dann erzählte sie weiter. »Als dieser Hirt, der ein so böser, mürrischer Mann war, dies alles sah, begann er sich bei sich selbst zu wundern: »Was kann dies für eine Nacht sein, wo die Hunde die Schafe nicht beißen, die Schafe nicht erschrecken, die Lanze nicht tötet und das Feuer nicht brennt?« Er rief den Fremden zurück und sagte zu ihm: »Was ist dies für eine Nacht? Und woher kommt es, dass alle Dinge dir Barmherzigkeit zeigen?«

Da sagte der Mann: »Ich kann es dir nicht sagen, wenn du selber es nicht siehst«. Und er wollte seiner Wege gehen, um bald ein Feuer anzünden und Weib und Kind wärmen zu können.

Aber da dachte der Hirt, er wolle den Mann nicht ganz aus dem Gesicht verlieren, bevor er erfahren hätte, was dies alles bedeute. Er stand auf und ging ihm nach, bis er dorthin kam, wo der Fremde daheim war. Da sah der Hirt, dass der Mann nicht einmal eine Hütte hatte, um darin zu wohnen, sondern er hatte sein Weib und sein Kind in einer Berggrotte liegen, wo es nichts gab als nackte, kalte Steinwände.

Aber der Hirt dachte, dass das arme unschuldige Kindlein vielleicht dort in der Grotte erfrieren würde, und obgleich er ein harter Mann war, wurde er davon doch ergriffen und beschloss, dem Kinde zu helfen. Und er löste sein Ränzel von der Schulter und nahm daraus ein weiches, weißes Schaffell hervor. Das gab er dem fremden Manne und sagte, er möge das Kind darauf betten.

Aber in demselben Augenblick, in dem er zeigte, dass auch er barmherzig sein konnte, wurden ihm die Augen geöffnet, und er sah, was er vorher nicht hatte sehen, und hörte, was er vorher nicht hatte hören können.

Er sah, dass rund um ihn ein dichter Kreis von kleinen, silberbeflügelten Englein stand. Und jedes von ihnen hielt ein Saitenspiel in der Hand,

und alle sangen sie mit lauter Stimme, dass in dieser Nacht der Heiland geboren wäre, der die Welt von ihren Sünden erlösen solle.

Da begriff er, warum in dieser Nacht alle Dinge so froh waren, dass sie niemand etwas zuleide tun wollten. Und nicht nur rings um den Hirten waren Engel, sondern er sah sie überall. Sie saßen in der Grotte, und sie saßen auf dem Berge, und sie flogen unter dem Himmel. Sie kamen in großen Scharen über den Weg gegangen, und wie sie vorbeikamen, blieben sie stehen und warfen einen Blick auf das Kind.

Es herrschte eitel Jubel und Freude und Singen und Spiel, und das alles sah er in der dunklen Nacht, in der er früher nichts zu gewahren vermocht hatte. Und er wurde froh, dass seine Augen geöffnet waren, dass er auf die Knie fiel und Gott dankte.«

Aber als Großmutter soweit gekommen war, seufzte sie und sagte: »Aber was der Hirte sah, das könnten wir auch sehen, denn die Engel fliegen in jeder Weihnachtsnacht unter dem Himmel, wenn wir sie nur zu gewahren vermögen.«

Und dann legte Großmutter ihre Hand auf meinen Kopf und sagte: »Dies sollst du dir merken, denn es ist so wahr, wie dass ich dich sehe und du mich siehst. Nicht auf Lichter und Lampen kommt es an, und es liegt nicht an Mond und Sonne, sondern was nottut, ist, dass wir Augen haben, die Gottes Herrlichkeit sehen können.«

Erwartung

Die Kindlein sitzen im Zimmer –
Weihnachten ist nicht mehr weit –
bei traulichem Lampenschimmer
und jubeln: »Es schneit! Es schneit!«

Das leichte Flockengewimmel,
es schwebt durch die dämmernde Nacht
herunter vom hohen Himmel,
vorüber am Fenster so sacht.

Und wo ein Flöckchen im Tanze
den Scheiben vorüberschweift,
da flimmert's in silbernem Glanze,
vom Lichte der Lampe bestreift.

Die Kindlein sehn's mit Frohlocken.
Sie drängen ans Fenster sich dicht.
Sie verfolgen die silbernen Flocken ...
Die Mutter lächelt – und spricht:

»Wisst, Kinder, die Engelein schneidern
im Himmel jetzt früh und spät.
An Puppendecken und Kleidern
wird auf Weihnachten genäht.

Da fällt von Säckchen und Röckchen
manch silberner Flitter beiseit',
vom Bettchen manch Federflöckchen.
Auf Erden sagt man: Es schneit!

Und seid ihr recht lieb und vernünftig,
ist manches für euch auch bestellt.
Wer weiß, was Schönes euch künftig
vom Tische der Engelein fällt!«

Die Mutter spricht's. Vor Entzücken
den Kleinen das Herze da lacht.
Sie träumen mit seligen Blicken
hinaus in die zaub'rische Nacht.

KARL FRIEDRICH VON GEROK

Vom Christkind

Denkt euch – ich habe das Christkind gesehn!
Es kam aus dem Walde, das Mützchen voll Schnee,
mit gefrorenem Näschen.
Die kleinen Hände taten ihm weh;
denn es trug einen Sack, der war gar schwer,
schleppte und polterte hinter ihm her –

Was drin war, möchtet ihr wissen?
Ihr Naseweis, ihr Schelmenpack! –
Meint ihr, er wäre offen, der Sack?
Zugebunden bis oben hin!
Doch war gewiss was Schönes drin:
es roch so nach Äpfeln und Nüssen!

ANNA RITTER

Bertil Malmberg

Die Weihnachtsgeschenke

»Mama«, sagte Åke, »darf ich in die Stadt gehen und Weihnachtsgeschenke für Papa kaufen?«

»Ist das nicht ein wenig zu früh? Wir haben heute erst den zwanzigsten November.«

»Es könnte ausverkauft werden«, sagte Åke.

»Ja so, darum«, antwortete die Mutter. »Aber du hast ja noch kein Geld für Weihnachtsgeschenke bekommen.«

»Ich habe fünfundzwanzig Öre«, sagte Åke. »Das reicht.«

»Dann musst du wohl gehen«, sagte die Mutter. »Das wäre ja schrecklich, wenn die Geschäfte leer wären, ehe du deine fünfundzwanzig Öre losgeworden bist. Aber vergiss nicht, Überschuhe anzuziehen.«

In fliegender Hast nahm Åke Rock, Wintermütze und Überschuhe und eilte hinaus.

Es lag schon Dunkel über der verschneiten Straße, als Åke durch die Gartentür hinauskam, und da und dort blinkte ein Fenster zwischen dem weißen Zweigwerk der Gärten. Er fand es schrecklich, dass es noch so lange bis Weihnachten war. Er tat so, als wolle er hüpfend das blinkende Licht fangen. Aber er sprang nicht geradeaus, sondern im Zickzack, und er hüpfte kreuz und quer über die Schneewehen, die am Rande der Straße lagen. Denn er glaubte, dass er auf diese Art schneller vorwärts käme. – So kam es, dass er plötzlich mit einem Fuß in einer Schneewehe festsaß, und als er den Fuß hochzog, war der Überschuh in dem Loch geblieben.

Hätte Åke nun so gehandelt, wie es recht gewesen wäre, so hätte er haltmachen und nach dem Überschuh suchen müssen, hätte sich keine Ruhe gönnen dürfen, bis er ihn gefunden hätte. Aber er war viel zu sehr von dem Gedanken an die Weihnachtsgeschenke erfüllt, als dass er sich lange hätte aufhalten können. Er grub ein Weilchen im Schnee, gab aber bald das langweilige Unternehmen auf und lief weiter. Er wollte für seinen Vater eine Kuckuckspfeife und vier Zinnsoldaten kaufen. Vater hatte ihm nämlich erzählt, wie sehr er sich damals gefreut hatte, als er diese Kostbarkeiten zu Weihnachten bekam. Åke wusste, dass man solche Dinge in Johannssons Buch- und Papierhandlung kaufen konnte. Er beschleunigte sein Tempo. Und als er zu Johannssons Buch- und Papierhandlung kam, hatte er apfelrote Backen. Er ging die Treppe hinauf, und als er die Tür öffnete, begann es zu klingeln. Es war ein scharfes, grelles Klingeln, und das behagte Åke. Er schloss die Tür sehr langsam, damit es so lange wie möglich klingelte. Als er die Kuckuckspfeife und die Zinnsoldaten bekommen hatte, fragte der Verkäufer, ob es für den Herrn Doktor aufgeschrieben werden solle. »Ich habe eigenes Geld«, sagte Åke. Es kostete vierundzwanzig Öre. Nun hatte Åke fünf Weihnachtsgeschenke für den Vater, denn jeder einzelne der vier Zinnsoldaten sollte in einem eigenen Paket liegen! Den Hinweg war er gelaufen, und er lief auch den Heimweg, aber schließlich wurde er müde und musste langsam gehen. Und gerade da begann es zu schneien. Da fiel ihm wieder der Überschuh ein. – Das war nun so eine Geschichte für sich. Was würde Mama sagen?

Die Mutter nahm es ernster, als Åke gedacht hatte. Er wurde zu einer sehr harten Strafe verurteilt, zu einer erstaunlichen Strafe in seinem kurzen Leben: er sollte kein Geld für Weihnachtsgeschenke bekommen. An diesem Abend weinte er sich in den Schlaf, und mit Recht meinte er, dass es keinen unglücklicheren Jungen in der ganzen Welt gäbe als ihn, denn es gab wirklich keinen.

Aber am nächsten Morgen war es aus mit seiner Traurigkeit. Da hatte er einen Ausweg gefunden: er wollte seine Weihnachtsgeschenke selber machen. Sofort begann er damit. Er wollte häkeln! Aber er konnte nur eine einfache Reihe von Maschen häkeln, er konnte die einzelnen Reihen nicht aneinanderfügen. Das macht ja nichts, dachte er, eine Reihe ist immer eine Reihe.

Deswegen lief er zur Mutter und bat um Garn und Häkelnadeln. Und er bekam es. Er wollte etwas für die Mutter häkeln, er wollte den Anfang von einer Matte häkeln!

Jeden Tag arbeitete er lange Stunden, aber er hatte auch anderes zu tun. Er musste Papierschnitzel für Großmutter schneiden, das sollte ihr Weihnachtsgeschenk werden. Und diese Papierschnitzel sollte dann die Stallmagd unter das Hühnerfutter mischen. Auf diese Weise bekam man starke Eierschalen. Das wusste Åke.

Und er häkelte und häkelte und schnitzelte und schnitzelte Tag um Tag. Das Garn wurde immer weniger und weniger, und die lange Reihe von Maschen wuchs und wuchs, wenn auch nicht in die Breite, so doch in die Länge. Und Vaters Papierkorb musste täglich seinen Tribut an Åke liefern. Er dachte, dass er so nützliche Weihnachtsgeschenke, wie er sie selber machte, nie kaufen könnte.

Aber was sollte er für Aja machen? Aja hatte einen sehr wählerischen Geschmack. Er ahnte, dass sie bedeutend schwerer zufriedenzustellen war als Mama und Großmutter. Denn er kannte seine Schwester. Vorläufig ließ er freilich die Frage ruhen und hoffte, dass irgendeine gute Idee von alleine kommen würde, während er an den anderen Dingen arbeitete. Aber es kam keine. Dagegen flog die Zeit fort, der eine Tag nach dem anderen flog fort, ohne dass Åke merkte, wie schnell es ging. Der große Markt begann sich mit Weihnachtsbäumen zu füllen. Die Schaufenster verwandelten sich in Märchenwelten mit Bilderbüchern und Pfefferkuchenmännern. Es gab Kästen im Haus, an die man nicht rühren, und Zimmer, in die man nicht hinein durfte. Des Jahres geheimnisvolle Zeit war gekommen. Es war die Woche vor dem Heiligen Abend. Und noch immer hatte Åke nichts für Aja. Was sollte er nur für Aja machen?

Wenn sie doch nicht so furchtbar vornehm wäre, dachte Åke.

Da kam die Mutter herein und gab ihm zwei Kronen. »Hier hast du dein Geld für Weihnachtsgeschenke«, sagte sie.

Er machte große Augen. »Ja, aber ich sollte doch keins bekommen!«

»Papa meint, dass du doch dein Geld haben sollst«, sagte die Mutter. »Dafür, dass du deine Prüfung wie ein ganzer Kerl getragen und nicht gemault hast.« »Was ist eine Prüfung?«, fragte Åke.

»Das ist, zu glauben, dass man kein Geld für Weihnachtsgeschenke bekommt«, antwortete die Mutter. »Und seine Prüfung zu tragen, das ist, lieb zu sein, obwohl man traurig ist.«

»Ich bin nicht traurig gewesen«, sagte Åke. »Ich habe nämlich meine Weihnachtsgeschenke selber gemacht.«

»Jaso«, erwiderte die Mutter. »Dann darfst du mit den zwei Kronen machen, was du willst, nur keine Dummheiten.«

Und die Woche ging vorbei. Wiklunds mächtiger Familienschlitten fuhr vor der Gartentür vor und darin wurden sie allesamt verpackt: Papa, Mama, Aja und Åke. Und sie fuhren aus der Stadt.

Sie fuhren Meile auf Meile, durch große Wälder. Und es wurde Abend, und es wurde Nacht, und die Schellen läuteten im Dunkeln. Aber für Aja und Åke läuteten sie immer ferner und ferner, da sie unter den Fellen lagen und schliefen. Dann war man bei der Großmutter. Man saß im Zimmer um den großen Tisch, und der Kronleuchter brannte, und der Weihnachtsbaum brannte, und es war hell in des Herrenhofes langer Flucht von Räumen. Aber im letzten Zimmer war ein kleiner Spiegel, und denkt, darin spiegelte sich der Baum mit allen seinen Lichtern und allen seinen Äpfeln und Sternen!

Aber wie war es nun mit dem Weihnachtsgeschenk für Aja?

Es war wirklich so, dass Åke nichts für seine Schwester hatte finden können. Schließlich hatte er das Zweikronenstück in ein riesenhaftes Paket gelegt, und auf dieses hatte er mit Druckbuchstaben Ajas Namen gesetzt. Denn richtig schreiben konnte er ja noch nicht.

Er hatte einen großartigen Erfolg mit seinen Gaben. Großmutter sagte, dass sie sich just solche Papierschnitzel gewünscht hätte, aber natürlich war es nur Åke, der auf so etwas kommen konnte. Es war unglaublich, wie schlecht die Hühner gerade jetzt legten, die Eierschalen gingen kaputt, wenn man sie nur ansah!

Was die Mutter betraf, so war diese vollkommen erschüttert. Nie hätte sie geglaubt, dass das, woran Åke gesessen und gehäkelt hatte, für sie sein sollte. Und der Vater? Freilich hatte Åke gedacht, dass der Vater sich freuen würde, wenn er seine Zinnsoldaten und seine Kuckuckspfeife bekäme, aber dass er sich so freuen würde, das hatte er nicht geahnt. Es war wirklich so, dass Åke sich stolz fühlte.

Das einzige, was seinen Stolz dämpfte, war der Gedanke an das Zweikronenstück. Denn was würde Aja sagen, da alle anderen Sachen bekamen und sie nur Geld?

So kam endlich die Reihe an Aja, und sie begann, das gewaltige Paket auszupacken. Sie sah dabei nicht sonderlich hoffnungsvoll aus.

»Das ist natürlich Åke, der dieses Paket hier gemacht hat!« Aber als sie endlich durch alle Papierhüllen gedrungen war und eine kleine Schachtel erwischt hatte, und als sie die Schachtel geöffnet hatte und das Zweikronenstück entdeckte, da veränderte sich ihre Miene. Sie sprang vom Stuhl auf und lief zu Åke und schlang die Arme um seinen Hals.

»Åke«, rief sie, »was bist du lieb! Ganze zwei Kronen!«

Åke wurde rot, er war keine Zärtlichkeiten von Ajas Seite gewohnt.

»Du bist doch nicht traurig, Aja, dass du nichts bekamst, was ich selber gemacht habe?«, fragte er kleinlaut.

»Ach, den Plunder, den du selber gemacht hast, möchte ich nie haben«, sagte sie verächtlich.

»Plunder?«

Das war etwas Neues für Åke. Seine Augen wurden rund wie Untertassen.

»Du glaubst doch wohl nicht, dass diese Papierschnitzel, die du Großmutter gegeben hast, und das Ende Faden, das Mama bekam, dass das etwas ist?«

»Ist das nichts, Papa?«, fragte Åke.

Vaters Gesicht wurde plötzlich fast streng.

»Aja ist zu klein, um den Wert deiner Gaben verstehen zu können«, sagte der Vater.

»Da hast du's«, sagte Åke. Aber er fühlte, wie seine Augen voll Tränen standen.

»Du bist dumm«, sagte Aja, »verstehst du nicht, dass Papa nur so sagt, damit du nicht traurig sein sollst?«

Åke sah sich hilflos um. Plötzlich begannen seine Tränen zu fließen. Er schluchzte nicht, aber die Tränen rannen, groß und klar, über seine Wangen.

Das war nun mehr, als selbst Aja mit ansehen konnte. Sie schlang nochmals die Arme um Åkes Hals und legte ihre Wange an Åkes.

»Du bist dumm, Åke«, sagte sie, »denn das bist du. Aber du bist auf jeden Fall schrecklich nett.«

Franz Graf von Pocci

Das Christkind

Es war schneidend kalt am Abend vor Weihnachten. Der Wind trieb den trockenen Schnee über den steinhart gefrorenen Boden weg, und wer heute auch zwei Röcke übereinander angezogen, den schauderte doch, als stände er in bloßen Hemdsärmeln.

Vom Fichtenhölzchen her über das weiße Feld hinunter lief ein armer kleiner Junge in einer gar leichten Jacke und mit zerrissenen Strümpfen, das Käpplein so tief, als es nur langen mochte, über die erfrorenen Ohren herabgezogen. Unterm Arm schleppte er etwas Dunkles im Schnee nach; es waren Tannenreiser. Der arme Peter, der im Walde Christbäume geschnitten hatte und dann in der Umgegend verkaufte, war mit seinen Tannen noch auf einem entlegenen Hofe gewesen und hatte sich in der Dunkelheit auf den verschneiten Wegen auf der Heimkehr verirrt. Er wohnte noch nicht lange in der Gegend; vor wenigen Monaten erst war er mit seiner Mutter aus der Fremde hierher gewiesen worden. Hungrig und erfroren lief er dahin; das Weinen war ihm ganz nahe, so arm und fremd kam er sich hier vor, wusste nicht, wo er war, und sehnte sich nach seiner alten Heimat, wo er es bei seinem Vater besser gehabt hatte.

Da erblickte er mitten in seiner Trübsal ein Licht, und es ward ihm gleich leichter ums Herz; denn nun kam er ja wieder auf den Weg nach dem Dorfe und zur Mutter, die seiner in der engen Stube harrte.

Matthof hieß das Haus, wo das Licht brannte, – ein reiches Bauerngut, kaum eine Viertelstunde vom Dorfe. Die Läden waren unten noch offen, und wenngleich die Fenster stark schwitzten, so war es doch hell genug in der Stube, und von außen konnte man sehen, was darin vorging. Der arme Peter mit rotblauen Backen und schlotternden Beinen blickte denn auch in die Stube hinein und nach dem Weihnachtsbaum mit den vielen Kerzen dran, um den die Kinder des Hauses herumstanden und dann freudig bald zum Vater bald zur Mutter hinliefen. Das Jüngste holte eben den Großvater aus dem Stuhl am Ofen und führte ihn zu der schönen Puppe, die das Christkind gebracht hatte. Der arme Peter stand draußen in seine Gedanken vertieft. Er dachte zwar nicht mehr an die Kälte; auch spürte er den Wind nicht mehr, der an seinem dünnen Höslein zupfte; aber er wäre auch gerne in der Stube gewesen und hätte sich mit den Kindern gefreut an ihren Geschenken. Aber das alles ging ihn ja nichts an; er war hier nicht bekannt, und er dachte, man würde ihn nur fortjagen, wenn er anklopfte; sie müssten ja meinen, er wolle betteln. Während dieser traurigen Gedanken hatte er mit den Reisern, die er auf dem Rücken trug, unversehens gegen das Fenster gestoßen, dass es ein Klirren gab und die Kinder danach hinausblickten.

»Was war das?«

»Sieh, Großvater!«, rief das Jüngste, »das Christkind geht vorbei; ich hab's gesehen; es hatte gerade so einen Baum wie wir hier. Den bringt es wohl zu Nachbars Anna!«

Und die älteren Kinder sprangen zur Tür hinaus, das Christkind zu sehen. Sie fanden den armen Peter, und obgleich dieser sich fürchtete, so nahmen sie ihn doch mit seinem Tannenbäumchen in die Stube hinein, immer rufend: »Das Christkind! Das Christkind!«

Im Licht sahen sie freilich, dass er ein armer, scheuer Knabe war, in Lumpen und nicht in weißen Kleidern mit goldenem Saum und glänzender Krone oder Flügeln wie das Christkind.

Sie wollten sich schon abwenden von ihm. Da sagte aber der Großvater: »Habt ihr vergessen, dass das Christkind arm und in schlechten Windeln in einer Krippe lag und doch so reich beschert die ganze Welt und auch euch, ihr Kinder?«

Da traten die Kinder zum fremden Knaben hin, begrüßten ihn als ihr Christkind und dankten ihm, ein jedes für die schönen Geschenke, die sie erhalten hatten. Sie zeigten ihm alles und boten ihm Apfel, Kuchen und schöne Bilder dar, die er nehmen musste.

Nachdem sie ihm zu essen und zu trinken gegeben hatten und der arme Peter wieder weiter musste, geleiteten sie ihn noch bis vor die Tür hinaus. Die Sterne glitzerten so hell und freundlich vom Himmel herab, und einer schoss gerade in weitem Bogen über das Haus weg in die Mitternacht hinaus, in der das arme Kind mit seinen Christbäumen verschwand.

Ihr Kinderlein kommet

Hans Heinrich Strube

Ein seltsamer Weihnachtsengel

Über der Tür zur Wohnstube meiner Eltern hing früher, als ich noch ein Kind war, ein Holzbrettchen mit Blumen darauf und einem Spruch. Der hieß: »Gastfrei zu sein vergesset nicht, denn dadurch haben manche ohne ihr Wissen schon Engel beherbergt«, und darunter stand ganz klein: Hebräer 13, Vers 2. Wir Kinder wussten damals nicht, was der Spruch zu bedeuten hatte, und wir machten uns auch keine Gedanken darüber. Wir wussten nur, dass er sehr alt war und schon bei unseren Großeltern über der Stubentür gehangen hatte. Erst heute, viele Jahre später, muss ich oft an eine Geschichte denken, die genau zu dem Spruch passt. Es ist die Geschichte vom seltsamen Weihnachtsengel und ich will sie euch genau so erzählen, wie ich sie als Kind erlebt habe: Es war am letzten Tag vor Weihnachten, am Heiligen Abend, kurz vor der Bescherung. Wir Kinder saßen um den großen Küchentisch unter der Lampe und würgten aufgeregt unsere letzten Bissen Brot hinunter.
»Erst wird gegessen«, sagte Mutter, »und danach gehen wir in die Weihnachtsstube.«
So war es jedes Mal am Heiligen Abend, und immer wieder waren wir so aufgeregt, dass wir kaum essen konnten. Plötzlich klopfte jemand gegen die Haustür. Mutter sah auf. »Na, wer kommt denn jetzt noch, so kurz vor der Bescherung«, sagte sie und ging zur Haustür. Draußen stand ein alter Mann, ein Landstreicher, wie es schien. Vater war gerade in die Weihnachtsstube gegangen.
»Ich will mal nachsehen, ob der Nikolaus schon fertig ist«, hatte er ge-

sagt; das tat er immer, bevor er uns hereinrief. Und nun kam dieser Fremde dazwischen. Er bat bescheiden darum, sich am Ofen etwas aufwärmen zu dürfen. Wir wussten genau, dass Mutter ihn niemals abweisen und mit uns zur Bescherung gehen würde. Sie würde ihn auch nicht allein in der Küche sitzen lassen. Das steigerte unsere Ungeduld. Und was wir befürchtet hatten, das trat auch ein: Mutter ging in die Speisekammer, holte Brot und Wurst, bereitete dem Fremden ein Abendbrot und schenkte ihm heißen Glühwein ein.

»Lassen Sie es sich gut schmecken«, sagte sie freundlich zu dem Alten. Der hatte inzwischen seine schneenasse Jacke ausgezogen, sie neben sich auf einen Stuhl gelegt, hatte sich mit dem Rücken gegen den warmen Kachelofen gelehnt und fing nun an, in Ruhe sein Abendessen zu verzehren. Mutter sah uns unsere Ungeduld an.

»Es ist noch lange Abend, Kinder, geht ruhig noch ein bisschen ins Kinderzimmer und spielt dort. Ich rufe euch, wenn es so weit ist.« Aber zum Spielen hatten wir jetzt überhaupt keine Ruhe und auch keine Lust.

Dann sahen wir schon lieber dem Landstreicher zu, wie er sich ab und zu seine roten Hände an der Hose abwischte, mit dem Taschenmesser langsam ein Stückchen nach dem anderen vom Brot abschnitt, es mit zittrigen Fingern in den fast zahnlosen Mund schob und gemächlich darauf herumkaute, bis es weich genug war, um es dann hinunterzuschlucken. Mutter schenkte ihm ein zweites Glas Glühwein ein, das er lächelnd und nickend entgegennahm, vorsichtig daran schlürfte und es vorsichtig neben sich auf den Ofensims stellte. Mutter setzte sich zu uns an den Tisch, nahm den Korb mit Stopfwäsche auf den Schoß und begann ein Stück nach dem anderen zu untersuchen, hier einen Knopf anzunähen, dort ein Loch zuzustopfen oder einen Flicken aufzunähen.

»Ich glaube, ich muss jetzt weiter«, sagte der Fremde nach ungefähr einer halben Stunde, die uns wie drei Stunden vorgekommen war. Dabei schaute er auf die große weiße Küchenuhr über der Tür.

»Wärmen Sie sich ruhig erst richtig auf«, sagte Mutter, »Ihre Jacke ist ja noch ganz nass. Der Heilige Abend läuft uns nicht weg und Sie stören uns durchaus nicht.«

Draußen hatte es wieder stärker angefangen zu schneien. Aber nicht so, wie man sich ein weißes Winterschneegestöber vorstellt, nein, dicke, nasse Flocken wurden vom Tauwind gegen die Fenster geworfen und rutschten an der Scheibe herab, wobei sie sich langsam in Wasser auflösten.

»So können Sie nicht hinaus auf die Straße«, sagte Mutter, »Ihre Jacke ist ja noch nicht trocken, und draußen regnet es mehr, als es schneit. Wenn Sie möchten, können Sie bei uns bleiben. Wir haben zwar kein Bett frei, aber auf dem Sofa hier in der Küche können Sie schlafen, hier stört Sie keiner.«

Der Alte wehrte mit beiden Händen dankend ab.

»Ich komme schon unter, ich hab da meine Plätze«, sagte er und griff nach seiner halb trockenen Jacke. Mutter half ihm hinein. Dann verabschiedete er sich.

»Vergelt's Gott«, sagte er, nickte noch einmal grüßend zu uns Kindern herüber und ging auf den Flur hinaus.

Als die Haustür zufiel, sprangen wir erleichtert auf. »Gehen wir jetzt?«, rief ich, aber Mutter hob die Hand. »Nicht zu stürmisch«, mahnte sie, »erst muss Vater kommen und uns rufen.«

An Vater hatten wir gar nicht mehr gedacht. Er war in der Zwischenzeit im Stall gewesen, hatte den Kühen und Pferden noch etwas Futter vorgeworfen und nachgesehen, ob alle Türen von innen richtig verriegelt waren. Aber dann war es doch endlich so weit. Die Tür zur Weihnachtsstube wurde geöffnet, und wir standen vor dem Lichterbaum, der wie in jedem Jahr wieder mit Engelshaar und Lametta überzogen

110

war. Beim Singen schielten wir schon unter den Christbaum. Alle Geschenke waren mit einem Bettlaken zugedeckt. Man konnte nur vermuten, was darunter stand. Nach dem Singen las Vater – wie in jedem Jahr – die Weihnachtsgeschichte vor. Wir kannten sie beinah auswendig, aber dennoch kam sie uns in jedem Jahr wieder neu vor. Sie schloss mit den Worten: »Die Hirten aber kehrten um und lobten Gott über alles, was sie gehört und gesehen hatten.«

Nun durften wir auch sehen, was unter dem Laken versteckt war. Ich bekam eine Dampfmaschine, meine große Schwester einen Küchenherd mit Töpfen und Pfannen und meine kleine Schwester eine Puppe, die auf den Knien durch die Stube krabbeln konnte, wenn man sie aufzog. Den Alten in der nassen Jacke hatten wir längst vergessen. Nur als plötzlich ein kräftiger Windstoß um die Hausecke fegte und dicke kalte Tropfen gegen die Fensterscheiben schleuderte, da sagte unsere Mutter leise: »Wo er nun wohl sein mag? Ob er einen Unterschlupf gefunden hat?« »Das hat er sicher«, sagte Vater, »die kennen ihre Plätze.« Das beruhigte uns.

Ich will jetzt nicht von diesem Heiligen Abend weitererzählen, sondern will ein Jahr überspringen.

Wir saßen wieder in der Küche am Abendbrottisch, genau wie im Jahr zuvor. Und als Mutter gerade den Tisch abräumen und Vater in die gute Stube gehen wollte, um nachzusehen, wie weit der Nikolaus inzwischen sei, da klopfte jemand an die Haustür. Wieder stand der Alte da mit seinen rot gefrorenen Händen, diesmal in einem langen dunkelgrauen Mantel, den ihm jemand mitleidig geschenkt hatte. »Unser Weihnachtsengel ist wieder da«, rief Mutter und sah aus wie jemand, der unverhofft nach langer Zeit einen lieben Bekannten wieder sieht. Alles wiederholte sich nun wie im letzten Jahr: das Brotemachen, das langsame Kauen, unser Warten, das Glühweintrinken und das bescheidene Verabschieden, denn er wollte auch diesmal nicht bleiben. Entweder fürchtete er, den Familienfrieden zu stören, oder er hatte überhaupt Angst, in festen Häusern oder sauberen Betten zu schlafen.

»Wir haben uns alle gefreut, Sie wieder zu sehen«, sagte Mutter beim Abschied zu ihm, und das war keine bloße Redewendung, sondern ihre ehrliche Meinung. Dann wandte sie sich uns Kindern zu.

»Ihr nicht?«, fragte sie, »freut ihr euch nicht, dass er wieder gekommen ist? Es hat ihm gefallen bei uns, sonst wäre er nicht wieder gekommen.« Wir nickten, und es war uns, als sei diesmal unsere Ungeduld während seiner Anwesenheit lange nicht so groß gewesen wie im letzten Jahr.

So ging es weiter, drei oder vier oder gar fünf Jahre lang. Jedes Mal am Abend vor Weihnachten saß der Alte in unserer Küche am Ofen, wärmte sich, aß sich satt und trank seinen Glühwein. Er erzählte uns nie, woher er käme oder wohin er ginge. Vielleicht wusste er das selbst nicht so recht. Er wusste nur, dass er an jedem 24. Dezember gegen Abend bei uns einkehren durfte. So gehörte er allmählich mit zur Familie, jedenfalls zur Weihnachtsfamilie.

Und dann geschah es, dass wir wieder einmal um den Tisch saßen, um das letzte Abendbrot vor dem großen Fest zu essen. Wir waren älter geworden und darum auch nicht mehr ganz so neugierig und ungeduldig wie früher. Mutter war gerade dabei, den Glühwein einzuschenken, da sagte meine kleine Schwester plötzlich: »Kommt er diesmal nicht?« Wir sahen uns an und hatten alle das gleiche Bild vor Augen: den Alten am Ofen, die nasse Jacke neben sich und auf den Knien den Teller mit den Mettwurstbroten. Und wir alle wurden ein bisschen nachdenklich, nicht lange, nur Augenblicke, aber in diesen Augenblicken wurde uns allen bewusst, dass er uns fehlte.

»Vielleicht kommt er noch«, sagte der Vater und schnitt sich ein Stück Brot ab. »Wir gehen aber nicht in die Weihnachtsstube, bevor er da gewesen ist«, meinte meine kleine Schwester, »sonst denkt er noch, er darf nicht mehr rein zu uns.«

»Ja, wir warten noch«, sagte Vater, und das Warten fiel uns Kindern gar nicht mehr schwer. So saßen wir beinahe eine Stunde lang unter der Lampe um den Tisch, tranken von unserem Glühwein und horchten auf jeden Laut, der von draußen kam.
Aber der Alte kam nicht. Wir gingen in die Weihnachtsstube, sangen, hörten die Weihnachtsgeschichte und zeigten uns gegenseitig unsere Geschenke. Doch etwas fehlte an der Weihnachtsfreude, das spürte jeder von uns. Und als Mutter mit mir und meiner kleinen Schwester und mit dem leeren Glühweintopf noch einmal in die Küche ging, um Glühwein nachzuschenken, da schauten wir alle drei zum Sessel neben dem Ofen, und Mutter sagte: »Kinder, unser Weihnachtsengel fehlt.«
Keiner von uns sagte etwas.
»Ja«, fuhr Mutter fort, »manchmal haben Menschen schon Engel beherbergt, ohne es zu wissen.«
Mir saß ein seltsamer Kloß im Hals, und ich glaube, meiner Schwester auch. Den Alten habe ich nie wieder gesehen. Ich weiß nicht, ob er inzwischen am Ziel seines langen Landstreicherlebens angekommen war. Aber dass er für uns ein Engel war, ein Engel im dicken schneenassen Mantel und mit frostroten Händen, daran habe ich bis heute nicht gezweifelt.

Weihnachten

Die schönste Zeit, die liebste Zeit,
sagt's allen Leuten weit und breit,
damit sich jedes freuen mag:
das ist der liebe Weihnachtstag.

Den hat uns Gott der Herr bestellt,
den herrlichsten in aller Welt,
dass jung und alt, dass groß und klein
so recht von Herzen froh soll sein.

Das beste Kind, das liebste Kind,
so viele rings auf Erden sind,
kommt her und hört, damit ihr's wisst:
Das ist der liebe Jesus Christ.

Wie der sich freundlich zu uns neigt,
mit seinen Händen nach uns reicht!
Und wer sein Auge nur gesehn,
will nimmer wieder von ihm gehn.

Zur Weihnachtszeit, zur Weihnachtszeit,
da kam er von dem Himmel weit,
zu seinen armen Menschen her;
in einer Krippe schlummert' er.

Johann W. Hey

Ihr Kinderlein kommet

Ihr Kinderlein kommet, o kommet doch all'!
Zur Krippe her kommet in Bethlehems Stall,
und seht, was in dieser hochheiligen Nacht
der Vater im Himmel für Freude uns macht.

O seht in der Krippe im nächtlichen Stall,
seht hier bei des Lichtleins hellglänzendem Strahl
in reinlichen Windeln das himmlische Kind,
viel schöner und holder, als Engel es sind.

Da liegt es, ihr Kinder, auf Heu und auf Stroh;
Maria und Josef betrachten es froh.
Die redlichen Hirten knien betend davor,
hoch oben schwebt jubelnd der Engelein Chor.

O beugt wie die Hirten anbetend die Knie!
Erhebet die Händlein und danket wie sie!
Stimmt freudig, ihr Kindlein, wer wollt' sich nicht freu'n,
stimmt freudig zum Jubel der Engel mit ein!

Was geben wir Kinder, was schenken wir dir,
du bestes und liebstes der Kinder, dafür?
Nichts willst du von Schätzen und Reichtum der Welt –
ein Herz nur voll Demut allein dir gefällt.

CHRISTOPH VON SCHMID

SIDNEY CAROLL

Die Apfelsine des Waisenjungen

Schon als kleiner Junge hatte ich meine Eltern verloren und kam mit neun Jahren in ein Waisenhaus in der Nähe von London. Es war mehr ein Gefängnis. Wir mussten vierzehn Stunden am Tag arbeiten – im Garten, in der Küche, im Stall, auf dem Felde. Kein Tag brachte eine Abwechslung, und im ganzen Jahr gab es für uns nur einen einzigen Ruhetag: Das war der Weihnachtstag. Dann bekam jeder Junge eine Apfelsine zum Christfest. Das war alles. Keine Süßigkeiten, kein Spielzeug. Aber auch diese eine Apfelsine bekam nur derjenige, der sich im Laufe des Jahres nichts hatte zuschulden kommen lassen und immer folgsam gewesen war. Diese Apfelsine an Weihnachten verkörperte die Sehnsucht eines ganzen Jahres.

So war wieder einmal das Christfest herangekommen. Aber es bedeutete für mein Knabenherz fast das Ende der Welt. Während die anderen Jungen am Waisenhausvater vorbeischritten und jeder seine Apfelsine in Empfang nahm, musste ich in einer Zimmerecke stehen und – zusehen. Das war meine Strafe dafür, dass ich eines Tages im Sommer aus dem Waisenhaus hatte weglaufen wollen. Als die Geschenkverteilung vorüber war, durften die anderen Jungen im Hof spielen. Ich aber musste in den Schlafraum gehen und dort den ganzen Tag über im Bett liegenbleiben. Ich war tieftraurig und beschämt. Ich weinte und wollte nicht länger leben.

Nach einer Weile hörte ich Schritte im Zimmer. Eine Hand zog die Bettdecke weg, unter die ich mich verkrochen hatte. Ich blickte auf.

Ein kleiner Junge namens William stand vor meinem Bett, hatte eine Apfelsine in der rechten Hand und hielt sie mir entgegen. Ich wusste nicht, wie mir geschah. Wo sollte eine überzählige Apfelsine hergekommen sein? Ich sah abwechselnd auf William und auf die Frucht und fühlte dumpf in mir, dass es mit der Apfelsine eine besondere Bewandtnis haben müsse. Auf einmal kam mir zum Bewusstsein, dass die Apfelsine bereits geschält war, und als ich näher hinblickte, wurde mir alles klar, und Tränen kamen in meine Augen, und als ich die Hand ausstreckte, um die Frucht entgegenzunehmen, da wusste ich, dass ich fest zupacken musste, damit sie nicht auseinanderfiel.

Was war geschehen? Zehn Jungen hatten sich im Hofe zusammengetan und beschlossen, dass auch ich zu Weihnachten meine Apfelsine haben müsse. So hatte jeder die seine geschält und eine Scheibe abgetrennt und die zehn abgetrennten Scheiben hatten sie sorgfältig zu einer neuen, schönen und runden Apfelsine zusammengesetzt.

Diese Apfelsine war das schönste Weihnachtsgeschenk in meinem Leben. Sie lehrte mich, wie trostvoll echte Kameradschaft sein kann.

Immer
wenn zwei
Menschen
einander
verzeihen, ist
Weihnachten.
Immer wenn ihr
anderen helft,
ist Weihnachten.
Immer wenn ein
Kind geboren wird,
ist Weihnachten.
Immer wenn du versuchst,
deinem Leben einen neuen
Inhalt zu geben, ist Weihnachten.
Denn es ist geboren die Liebe,
denn es ist geboren die Freude,
denn es ist geboren die Gerechtigkeit,
denn es ist geboren
Christus, der Herr!

AUS BRASILIEN

Georg Ruseler

Der Schlitten

Heiligabend war wieder da. Auf dem Tisch stand der Tannenbaum, und daran glänzten soviel Lichter, als hätte der Himmel alle seine Sterne dazu geschenkt. Im Zimmer waren drei Kinder, Hans, Grete und Wiegenkind. Hans hatte einen Schlitten bekommen, Grete eine Puppe und das Baby ein paar hübsche kleine Schuhe. Aber daraus machte es sich nichts, weil es noch nicht laufen konnte, und es hatte nur Augen für die leuchtenden Sterne am grünen Tannenbaum. Grete nahm ihre Puppe und stellte sie auf die Erde und freute sich, dass sie tanzen konnte. Derweil besah Hans seinen Schlitten von allen Seiten, von hinten und vorn, von unten und oben, von außen und innen, und als er damit fertig war, sagte er: »Das ist gar nicht mein Schlitten!«
»Warum nicht?«, fragte der Vater.
»Dieser Schlitten ist innen rot und außen blau, und ich hab' mir's gewünscht: von innen blau und von außen rot. Vater, du hast es sicher falsch bestellt!«
»Nein, dass du das vom Vater glauben kannst!«, rief die Mutter, »bestellt hat er's schon recht, Christkindlein wird sich nur vergriffen haben.«
Da meinte Hans, das könnte er doch vom Christkind nicht denken. Wenn er nur den Weg wüsste, ginge er ihm nach und fragte an, wie es stünde, und davon sprach er den ganzen Abend. Aber dann wurden die Kinder schläfrig, und die Mutter brachte sie ins Bett.
»Mutter«, fragte da der kleine Hans – und schlief beinahe schon, »wo kam Christkind in unser Haus herein?«

»Zur Vordertür und ist auf die Diele geritten.«
»Und wo ging es hinaus?«
»Zur Seitentür.«
»Ei, die war ja viel zu niedrig für Pferd und Reiter!«
»Ist abgestiegen, Kind.«
»Und draußen stieg's wieder auf? Wo ist es dann geblieben?«
»Ritt erst durch den schweigenden Tannenwald,
durch den wunderschönen Tannenwald,
leuchtend von Schnee und bitter kalt.
Hat zwei schwarze Raben gefragt:
›Sind offen die goldenen Himmelstüren?‹
›Nein‹, so haben die Raben gesagt. –
›Gut‹, sagt Christkindlein, ›geh' ich spazieren!‹
Ritt dann übers glitzernde Eis
von dem tiefen, tiefen Erlensee,
band an sein Rösslein, wie Schnee so weiß,
und stieg allein auf Bergeshöh',
glitschte darauf hinab ins Tal –
und – wart einmal! –
steig du, mein Büblein, auf schneeige Höh'n,
dann kannst du unten, tief unten im Tal
Christkindlein auf dich warten sehn!«
So sprach die Mutter und löschte leise die Kerze; denn Hänschen hatte die Augen zu und schlief. War er wirklich eingeschlafen? Wir wollen's morgen fragen, ob's wirklich geschlafen hat oder gewacht.
Aber horch einmal! Hänschen steht auf, leise, ganz leise, zieht, husch! Strümpfe und Hosen an, husch! linken und rechten Schuh, zieht lautlos die Jacke an, die warme Winterjacke, setzt seine Pudelmütze auf den Kopf, und eins, zwei! schlüpfen die Hände in die beiden Handschuhe; mit Pelz sind sie gefüttert.

Draußen vor der Tür steht der Frost, der gern die kleinen Kinder beißen möchte; aber Hans fürchtet nicht den Frost, er macht die Tür auf und lacht ihm ins Gesicht. Dann geht er Christkindlein suchen, und seinen Schlitten zieht er hinter sich her, den Schlitten, innen rot und außen blau.

Hat Hänschen das Christkind denn gefunden? Lasst sehen!

Hans wandert durch den wunderschönen Tannenwald. Vor ihm im Schnee sind die Stapfen von zierlichen Pferdehufen: Das ist Christkindleins Ross gewesen, und so kann Hänschen den rechten Weg nicht verfehlen. Aber bitter kalt ist's doch – macht nichts! Zieht es seine Pudelmütze über die Ohren, und horch! Leise, leise singen die Engel im Himmel, und durch die Tannen geht ein sanftes Rauschen.

»Ei, ihr Tannen«, sagt Hans, »habt ihr Zucker zu verkaufen oder Salz?«

»Nein, Wolle«, flüstern die Tannen.

»Was? Und ihr steht hier? Dann geht doch in Stadt und Dorf! Sind viele kleine Kinder darin, die haben Löcher in Socken und Strümpfen, die sollt ihr stopfen mit eurer Wolle, die Nadeln habt ihr ja dazu.«

Aber die Tannen regen sich nicht vom Fleck. Hans geht weiter, immer weiter durch den tiefen Schnee, und sacht gleitet sein Schlitten hinter ihm her, der Schlitten, außen blau und innen rot. Zuletzt wird Hänschen müde und: Ach was, denkt's, lass andere ziehen! setzt sich in den Schlitten und wartet. Da kommen zwei Raben daher, der eine rechter, der andere linker Hand; die singen mit trauriger Stimme:

»Quark, Quark! Uns hungert so stark!

Wer schenkt einen Knochen mit Fleisch und Mark?

Trübe die Zeit, und alles ist Quark!«

»Dann kommt morgen vor unser Küchenfenster«, sagt Hans, »da sollt ihr einen großen Schinkenknochen haben! Aber jetzt spannt euch flink vor meinen Schlitten, Christkindlein einzuholen!«

Und schau, das tun die Raben, schlagen mit ihren Flügeln, heben sich

ein wenig vom Boden, und im Sausen gleitet der Schlitten dahin! Hänschen hüpft das Herz, hoch oben hüpfen funkelnde Sterne mit, und zu
beiden Seiten hüpfen die ernsten Tannen. Sie werden ganz übermütig
und bewerfen Hänschen mit blitzendem Kristall und köstlichem Ge-
stein. Und dann kommen sie an den weiten Erlensee; der hat gar keinen Atem mehr, und er liegt in einem großen gläsernen Sarge.

»Hinüber!«, sagt Hans; aber die Raben meinen: »Nein, Hans, nun sind
wir müde, und für einen Knochen haben wir dich lange genug gezogen.
Ade!« Hänschen klagt: »Ach, wie komm' ich nun weiter?«

Aber da packt der Wind den Schlitten und schiebt und schiebt, und –
hastdunichtgesehn – geht's im Saus über den glatten Spiegel des Sees,
geschwinder als der Vogel fliegt, und bald sind sie am andern Ufer.

»Weiter, Wind, weiter!«, ruft Hans, »nun schiebe mich auch den großen
Berg hinauf!«

»Nein, Hans«, sagt der Wind, »ich bin ganz außer Atem, und der Berg
ist mir zu steil. Ade!«

Was soll Hänschen nun machen? Aber schau, dort am Ufer steht Christkindleins Pferd! Das ist nicht größer als ein Pony, so weiß wie Schnee
und so klug wie ein Pudel. Das hat Langeweile, und so spannt's der
Hans vor seinen Schlitten, innen rot und außen blau, und im Trab zieht
es ihn den Berg hinauf und keucht nicht einmal.

Nun sind sie oben und halten still, und den Sternen sind sie so nahe,
dass sie eine Menge davon greifen und in die Tasche stecken könnten.
Ringsumher liegt die blitzende Welt und leuchtet so weiß, als wäre sie
aus reinem Zucker gemacht. Aber aus dem Tal grüßt der helle Mond
herauf. Aber nein, das ist gar nicht der helle Mond, das ist ja das Christkindlein selbst, das schreitet langsam dahin! Da heißt Hans das schnee-
weiße Ross dort oben warten und gibt dem Schlitten einen Ruck; denn
abwärts geht es von selber. Ist das schön, zu fahren ohne Ross und
doch schneller als mit dem Ross!

»Halt, Hans!«, ruft rechts ein Fels, – »halt!«, ein Eisblock links, – »halt!«, ruft rechts eine Schlucht und links auch krüppeliger Kiefernwald. Aber Hänschen kommt immer hindurch und vorbei. Und immer schneller wird die Fahrt, schneller als der Wind und schneller als der Blitz. O Gott, wie wird das enden? Schon sind wir Christkindlein auf den Fersen, und das schreitet unbekümmert dahin.

»Christkindlein, hilf!«, ruft Hans da in höchster Not, und sieh, da wendet es sich, streckt ganz leicht die Hand aus, und brr! – da hält der Schlitten mit einem Male!

»Das war aber auch höchste Zeit«, ruft Hans. »Noch einen Augenblick, und ich hätte dich überfahren!«

Da lächelt Christkind und sagt: »Ja, Hans, was wolltest du eigentlich?«

»Fragen wollt' ich: Hat Vater einen Schlitten bei dir bestellt, innen blau und außen rot?«

»Das hat seine Richtigkeit.«

»Gar nicht«, sagt Hans; »du hast mir heute abend einen gebracht, der ist innen rot und außen blau. Hier, sieh nur selbst!«

Da lächelt das Christkind noch einmal ganz gütig und mild und spricht: »Aber, Hans, wo hast du denn deine Augen ?«

Und – o Wunder! – da ist der Schlitten wirklich außen rot und innen blau, und der Hans weiß gar nicht mehr, was er sagen soll als bloß zuletzt: »Ich dummer Junge, wie komm' ich nun wieder nach Hause?«

»Ja«, sagt das Christkind, »mein Pferd, das brauch' ich selber. Aber wart' einmal; da hab' ich in meiner Tasche noch zwei wunderschöne Träume, die spann' ich vor deinen Schlitten, sieh, so! Und nun wird's schon gehen!«

Und schau, die beiden wunderschönen Träume entfalten sacht die dunkelbraunen Flügel und fahren Hänschen wieder heim!

Ach, wird's da so wohlig müde, und in der Ferne hört es Christkindleins Stimme, leise, so leise: »Fahr wohl, kleiner Knabe, fahr wohl!«

Dann geht es sanft zurück über Berg und Tal, über den weiten See und durch den schweigenden Tannenwald. Und als es Morgen ist, liegt Hans wieder in seinem weichen Bett und weiß nicht wie.

»Mutter, Mutter«, ruft er und reibt sich die Augen, »zeig mir rasch einmal meinen Schlitten!«

Und als Hänschen ihn besieht – nein, das sind aber Geschichten! – da ist er wiederum innen rot und außen blau.

Monika Hunnius

Kinderweihnacht

Weihnachten! Welch ein Zauber liegt in diesem Wort! Mir ist es immer, als öffnete sich damit der Blick in den Sternenhimmel und die Freude funkelte herab, auch in die Dunkelheit trüber Zeiten. Man stellt seine Sorgenlast für eine Weile beiseite und befreit seine Seele, damit sie hell dastehe, frei vom Alltagsstaub, und das Licht aufnimmt und widerstrahlt, Liebe empfängt und Liebe gibt. In wie viele Herzen, die von der Not des Lebens dunkel geworden sind, strahlt das Licht der Weihnachtsfreude, lehrt sie aufschauen und wieder an das Licht glauben, wie viele Ohren, die sich verschlossen hatten, tun sich auf bei dem Klang der Weihnachtsglocken und horchen auf die frohe Botschaft, die uns allen verkündigt wird. Kommt auch bald wieder der Alltag zu seinem Recht, kommen auch die dunklen Zeiten wieder, erlischt die Freude in manchem Leben ganz, man hat doch immer wieder ins Licht schauen dürfen, man hat den Klang der Weihnachtsglocken gehört, man war doch wieder einmal froh gewesen und hatte Liebe gegeben und empfangen. Gesegnet sei darum unser liebes Weihnachtsfest! – Wir lebten in einer kleinen Stadt Estlands, unser Haus lag dicht an der Kirche, und das Glockengeläute an den Festtagen durchtönte es bis in den letzten Winkel; dadurch hatten die Festtage bei uns ein ganz besonderes Gepräge. Auch verstand meine Mutter so wunderbar, Feste zu feiern. Es war so viel Freude in ihr, und die Freude ging wie ein großer Strom voll Leben von ihr aus. Niemals aber empfanden wir das so stark wie in der Weihnachtszeit.

Wie herrlich waren schon die Vorbereitungen! Die ganze Adventszeit war so voller Erwartung; der bunte Adventsstern, der vom ersten Advent an in unserem Zimmer hing, die Advents- und Weihnachtslieder, die wir mit unserer Mutter sangen, und die Geheimnisse, die um uns entstanden! Es war gar kein Alltag mehr, denn jeder Tag war durchrauscht von früher Feststimmung und Erwartung.

Wie köstlich war es, wenn Mutter dazwischen in ihrem Zimmer verschwand und wir nicht hineinkommen durften! Wenn sie auf Besorgungen ging, bei denen wir sie nicht begleiten durften und von wo sie mit großen, geheimnisvollen Paketen wieder heimkam! Wie köstlich war es, auf dem Fußboden von Mutters Zimmer hier und da ein Stückchen Schaumgold zu finden! Wir dachten ganz sicher, die Engel hätten es von ihren Flügeln verloren.

Und dann war plötzlich der Weihnachtsabend da! Geheimnisvoll rauschend wurde der Tannenbaum durch das Haus getragen, mit Herzklopfen lauschten wir, in unserem Kinderzimmer eingeschlossen, wie die Zweige unsere Tür streiften. Von dem Augenblick an war uns das Wohnzimmer für den ganzen Tag verschlossen. Unsere Puppen saßen schon längst festlich gekleidet auf dem Fensterbrett und durften all die Herrlichkeiten früher sehen als wir. Wir lagen auf dem Fußboden und versuchten, durch die Ritzen der Tür irgendeinen Schimmer der Herrlichkeiten zu erspähen.

Ach, und wenn es dann Abend wurde und die verschlossene Tür sich weit auftat, Geheimnisse sich enthüllten und alles voll Glanz und Freude war! Weihnachtsfreude, Kinderseligkeit, so oft geschildert, so oft besungen, wer fände aber doch die rechten Worte, alles das ganz auszusprechen!

Es gab aber einmal ein Weihnachten, an dem ich bitterlich weinte. Von diesem Weihnachtsfest will ich erzählen.

Es war Adventszeit. Ich hatte eine heißgeliebte Puppe, sie hieß Adelchen;

126

sie war groß, hatte einen Porzellankopf, himmelblaue Augen und schwarze, angemalte Locken. Ich liebte sie über alles, und doch plagte mich einmal die Neugierde, zu erfahren, was »in ihr drin« sei. Ich teilte diese Sehnsucht meiner kleinen Schwester Elisabeth mit, und eines Tages fassten wir den ruchlosen Plan, der Sache auf den Grund zu kommen. Wir entkleideten Adelchen, bohrten und fühlten an ihrem Körper lange herum, konnten aber nicht ergründen, woraus sie »gemacht« war. Da ergriff ich eine Schere und schlitzte ihr den Leib auf. Ein Strom von Sägespänen ergoss sich aus der Wunde. Voller Staunen sahen wir dem Strom zu, vergrößerten grausam mit den Fingern den Riss und sahen kaltblütig ihr Leben entströmen. Plötzlich wurde uns bange, sie wurde welk und dünn; wenn wir sie aufsetzen wollten, knickte sie zusammen, und ihr schwerer Porzellankopf sank ihr vornüber.

Ein großer Schmerz kam über mich, und mein Schwesterchen fing an zu weinen. In unserer Angst brachten wir unser Opfer zu unserer alten russischen Wärterin. »Mein Gott, welche Kinder«, war ihr beängstigender Ausruf bei unseren Unarten. Sie führte uns Schuldbeladene mit dem Opfer, das welk über ihrem Arm hing, zu unserer Mutter, die die Puppe fortnahm, und ich weinte mich abends in den Schlaf vor Sehnsucht nach der Heißgeliebten, so grausam Ermordeten.

Nach einigen Tagen dachte ich, meine Mutter würde sie uns geheilt wiedergeben. Als sie aber gar keine Anstalten dazu machte, trieb mich die heiße Sehnsucht zu der Bitte, Mutter möchte mir doch Adelchen wiedergeben. »Nein«, war die Antwort, »das habt ihr nicht verdient, das Christkindchen hat die Puppe geholt, wird sie zu Weihnachten reparieren und sie wohl den armen Kindern bringen.«

Traurig hörte ich den Bescheid und dachte, ich hätte diese Strafe wohl verdient: nur dass Adelchen für arme Kinder dasein sollte, konnte ich nicht verwinden. Überhaupt, die »armen Kinder« waren vor Weihnachten ein Stein des Anstoßes für mich, über den ich oft stolperte. Immer musste man ihnen etwas weggeben von seinen Sachen! Meine Kleider schenkte ich gern fort, auch meine sonstigen Spielsachen; nur wenn es eine Puppe fortzugeben galt, zerriss es mir das Herz. Dazu sagte Mutter noch, wenn man den Armen nicht froh und gern gäbe, so trüge das Geben keinen Segen.

Und nun war Weihnachten da! Trotz Adelchens Verlust waren die Tage vorher wie sonst, voll herrlichster Erwartung, voll kühnster Träume, glühendster Wünsche, auf deren Erfüllung man mit Zittern wartete. Ich hatte für meine Eltern ein Gedicht auswendig gelernt, dessen ersten Vers ich mit mühsam steifen Buchstaben auf ein »Wunschpapier« geschrieben hatte. Dieses Wunschpapier zu Weihnachten einzukaufen, war ein herrliches Erlebnis. Es war ein feierlicher Augenblick, wenn wir unter den Flügeln unserer alten Wärterin in den Laden gingen, jedes sein Fünfzehnkopekenstück in der Hand. Wir wählten in der größten Aufregung und konnten uns immer nicht zum Einkauf entschließen, bis die Wärterin für uns endlich die Entscheidung traf.

Mit unseren Wunschpapieren in den Händen, mit klopfendem Herzen standen wir dann hinter der Tür des Weihnachtszimmers. Nun öffnete sie sich weit, Mutter spielte den Choral, Vater stand neben ihr am Flügel mit dem Neuen Testament in der Hand, aus dem wunderbare Buchzeichen an bunten Bändern heraushingen. Wir sangen Weihnachtslieder, hörten das Weihnachtsevangelium und wagten gar nicht, nach dem Baum oder unseren Geschenken hinzuschauen. Das war uns nämlich von unserer alten Wärterin fest eingeprägt, »ehe ihr euer Gedicht aufgesagt habt, dürft ihr nichts sehen«, und nun sollte ich mein Gedicht aufsagen. Ich überreichte Vater mein Wunschpapier und fing an »Ihr Kinderlein, kommet, o kommet«, doch als ich so weit kam, da hatte ich meinen Blick erhoben und nach dem Gabentisch hingeschaut. Was sah ich? In der Mitte des Tisches saß mein Adelchen in einem neuen Kleide, mit wohlgefülltem Körper und steif abstehenden Armen.

Über diesen Anblick vergaß ich alles, ich stand mit weit geöffneten Augen da, und mein Herz stand vor Seligkeit einen Augenblick still. Ich verstummte und konnte mein Gedicht nicht weitersagen. Mein Vater war ernst und ein wenig streng. Pflichttreue und Selbstüberwindung mussten wir schon als kleine Kinder zu üben versuchen. Er blickte missbilligend nach mir hin, meine Mutter half mir, aber mein Gedächtnis ließ mich vollständig im Stich, und ich brach in Tränen aus. Trotzdem wurde der Abend noch schön. Tränenüberströmt schloss ich mein Adelchen in die Arme und beruhigte mich, als meine Eltern sagten, sie seien mir nicht mehr böse.

Als ich abends in meinem Bett lag, mit Adelchen im Arm, und mein Abendgebet sprach, dankte ich zuerst dem lieben Gott für mein wiedergeschenktes Kind. Dann kam eine heiße Bitte um Vergebung, dass ich meine Eltern so schwer betrübt hatte, und dann ging alles unter in dem einen Glücksgefühl, dass die armen Kinder mein Adelchen nicht bekommen hatten! Und den kalten Porzellankopf meiner Puppe fest an meine heiße Kinderwange gedrückt, schlief ich selig und dankbar ein.

KARL HEINRICH WAGGERL

Worüber das Christkind lächeln musste

Als Josef mit Maria von Nazareth her unterwegs war, um in Bethlehem anzugeben, dass er von David abstamme, was die Obrigkeit so gut wie unsereins hätte wissen können, weil es ja längst geschrieben stand –, um jene Zeit also kam der Engel Gabriel heimlich noch einmal vom Himmel herab, um im Stalle nach dem Rechten zu sehen. Es war ja sogar für einen Erzengel in seiner Erleuchtung schwer zu begreifen, warum es nun der allererbärmlichste Stall sein musste, in dem der Herr zur Welt kommen sollte, und seine Wiege nichts weiter als eine Futterkrippe. Aber Gabriel wollte wenigstens noch den Winden gebieten, dass sie nicht gar zu grob durch die Ritzen pfiffen, und die Wolken am Himmel sollten nicht gleich wieder in Rührung zerfließen und das Kind mit ihren Tränen überschütten, und was das Licht in der Laterne betraf, so musste man ihm noch einmal einschärfen, nur bescheiden zu leuchten und nicht etwa zu blenden und zu glänzen wie der Weihnachtsstern.

Der Erzengel stöberte auch alles kleine Getier aus dem Stall, die Ameisen und Spinnen und die Mäuse, es war nicht auszudenken, was geschehen konnte, wenn sich die Mutter Maria vielleicht vorzeitig über eine Maus entsetzte! Nur Esel und Ochs durften bleiben, der Esel, weil man ihn später ohnehin für die Flucht nach Ägypten zur Hand haben musste, und der Ochs, weil er so riesengroß und so faul war, dass ihn alle Heerscharen des Himmels nicht hätten von der Stelle bringen können. Zuletzt verteilte Gabriel noch eine Schar Engelchen im Stall herum auf den Dachsparren, es waren solche von der kleinen Art, die fast nur aus Kopf und Flügeln bestehen. Sie sollten ja auch bloß still sitzen und achthaben und sogleich Bescheid geben, wenn dem Kinde in seiner nackten Armut etwas Böses drohte. Noch ein Blick in die Runde, dann hob der Mächtige seine Schwingen und rauschte davon.

Gut so. Aber nicht ganz gut, denn es saß noch ein Floh auf dem Boden der Krippe in der Streu und schlief. Dieses winzige Scheusal war dem Engel Gabriel entgangen, versteht sich, wann hatte auch ein Erzengel je mit Flöhen zu tun! Als nun das Wunder geschehen war, und das Kind lag leibhaftig auf dem Stroh, so voller Liebreiz und so rührend arm, da hielten es die Engel unterm Dach nicht mehr aus vor Entzücken, sie umschwirrten die Krippe wie ein Flug Tauben. Etliche fächelten dem Knaben balsamische Düfte zu und die anderen zupften und zogen das Stroh zurecht, damit ihn ja kein Hälmchen drücken oder zwicken möchte.

Bei diesem Geraschel erwachte aber der Floh in der Streu. Es wurde ihm gleich himmelangst, weil er dachte, es sei jemand hinter ihm her, wie gewöhnlich. Er fuhr in der Krippe herum und versuchte alle seine Künste und schließlich, in der äußersten Not, schlüpfte er dem göttlichen Kinde ins Ohr.

»Vergib mir!«, flüsterte der atemlose Floh, »aber ich kann nicht anders, sie bringen mich um, wenn sie mich erwischen. Ich verschwinde gleich wieder, göttliche Gnaden, lass mich nur sehen, wie!«

Er äugte also umher und hatte auch gleich seinen Plan. »Höre zu«, sagte er, »wenn ich alle Kraft zusammennehme, und wenn du still hältst, dann könnte ich vielleicht die Glatze des Heiligen Josef erreichen, und von dort weg kriege ich das Fensterkreuz und die Tür …«

»Spring nur!«, sagte das Jesuskind unhörbar, »ich halte still!«

Und da sprang der Floh. Aber es ließ sich nicht vermeiden, dass er das Kind ein wenig kitzelte, als er sich zurechtrückte und die Beine unter den Bauch zog.

In diesem Augenblick rüttelte die Mutter Gottes ihren Gemahl aus dem Schlaf. »Ach, sieh doch!«, sagte Maria selig, »es lächelt schon!«

Christkind im Walde

Christkind kam in den Winterwald,
der Schnee war weiß, der Schnee war kalt.
Doch als das heil'ge Kind erschien,
fing's an im Winterwald zu blühn.

Christkindlein trat zum Apfelbaum,
erweckt' ihn aus dem Wintertraum:
»Schenk Äpfel süß, schenk Äpfel zart,
schenk Äpfel mir von aller Art!«

Der Apfelbaum, er rüttelt' sich,
der Apfelbaum, er schüttelt' sich,
da regnet's Äpfel ringsherum;
Christkindleins Taschen wurden schwer.

Die süßen Früchte alle nahm's,
und also zu den Menschen kam's.
Nun, holde Mäulchen, kommt, verzehrt,
was euch Christkindlein hat beschert!

ERNST VON WILDENBRUCH

Stille Nacht, Heilige Nacht

Christabend

Herein!
Das Glöcklein erklingt: Ihr Kinder, herein!
Kommt alle, die Türe ist offen!
Da steh'n sie, geblendet vom goldigen Schein,
von Staunen und Freude betroffen.

Wie schimmert und flimmert von Lichtern der Baum!
Die Gaben zu greifen, sie wagen's noch kaum,
sie steh'n wie verzaubert in seligem Traum. –
So nehmt nur mit fröhlichen Händen,
ihr Kleinen, die köstlichen Spenden!

Und mächtig ertönen die Glocken im Chor,
zum Hause des Herrn uns zu rufen:
Das Fest ist bereitet und offen das Tor,
heran zu den heiligen Stufen!

Und steht ihr geblendet vom himmlischen Licht,
und fasst ihr das Wunder, das göttliche, nicht:
Ergreift, was die ewige Liebe verspricht,
und lasst euch den seligen Glauben,
ihr Kinder des Höchsten, nicht rauben!

Und hat er die Kinder nun glücklich gemacht,
die großen so gut wie die kleinen,
dann wandert der Engel hinaus in die Nacht,
um andern zum Gruß zu erscheinen.
Am Himmel, da funkeln die Sterne so klar,
auf Erden, da jubelt die fröhliche Schar. –
So tönen die Glocken von Jahr zu Jahr,
so klingt es und hallt es auch heute,
o seliges Weihnachtsgeläute!

KARL FRIEDRICH VON GEROK

Fabian Lith

Wie der kleine Weihnachtsengel glücklich wurde

Als der kleine Weihnachtsengel erwachte, befand er sich in dem festlich geschmückten Zimmer. Er hing an einem Zweig des Christbaumes ganz in der Nähe einer dicken roten Glaskugel, und wenn er in die Höhe schaute, bis zur Spitze des Baumes, so gewahrte er dort den Weihnachtsstern. Dem kleinen Weihnachtsengel wurde ganz feierlich zumute. Er erlebte dieses alles ja zum ersten Male in seinem Leben; denn er war erst gestern gekauft worden.
»He! Wer sind Sie denn?«, plärrte da eine Stimme durch den Raum. Der Weihnachtsengel erschrak. »Ist jemand da?«, fragte er.
»Das will ich meinen«, lautete die Antwort. »Schauen Sie einmal nach unten.« Der kleine Weihnachtsengel folgte dieser Aufforderung und erblickte zu Füßen des Christbaumes einen großen, buntgekleideten Herrn mit einem entsetzlich breiten Mund. »Ich bin ein Weihnachtsengel«, stellte sich der Weihnachtsengel vor. »Und wer sind Sie?«
Der buntgekleidete Herr war empört über diese Frage. Er vertrat nämlich die Ansicht, jeder auf der Welt müsse ihn kennen. »Na, hören Sie mal!« sagte er. »Kennen Sie etwa mich, den Nussknacker, nicht? Ich bin eine der berühmtesten Persönlichkeiten aller Zeiten.« Und bei diesen Worten klapperte er abscheulich mit seinem breiten Mund.
»Entschuldigen Sie vielmals«, sagte der Weihnachtsengel. »Ich habe Sie wirklich noch nie in meinem Leben gesehen.«

»Ich dachte es mir«, erwiderte der Nussknacker. »Sie sehen auch ziemlich dumm aus, und arm scheinen Sie obendrein zu sein.«

Er wandte sich an einen Herrn, der neben ihm stand. »Was meinen Sie dazu, Herr Räuchermännchen?«

Das Räuchermännchen sah aus wie ein Nachtwächter. Es trug einen breitkrempigen Hut, einen langen Mantel, ein Nachtwächterhorn, und es paffte aus einer langen Großvaterpfeife.

»Mich geht das nichts an!«, brummelte das Räuchermännchen und stieß eine dicke Rauchwolke von sich. »Aber wenn Sie mich fragen, so meine ich, ein wenig Farbe könnte nicht schaden.«

Der Nussknacker lachte laut auf. »Ja, sehen Sie mich an, meine prächtige Uniform!«, rief er. »Ein roter Rock mit goldenen Tressen, eine blaue Hose und ein herrlich langer Säbel. Auf meiner Brust erblicken Sie silberne und goldene Orden, und meine Mütze ist aus edlem Pelzwerk.«

Da musste der kleine Weihnachtsengel dem Nussknacker recht geben. Er war wirklich ein schmucker Herr, der sich sehen lassen konnte. Der kleine Weihnachtsengel hingegen trug nur ein schlichtes Hemdkleid, das ihm bis zu den Füßen reichte. Auf dem Rücken hatte er zwei Flügel, und das einzig Farbige an ihm waren seine rosa Bäckchen. Und das war nun wahrhaftig nicht viel.

Der kleine Weihnachtsengel schämte sich, dass er so einfach gekleidet war, viel einfacher noch als das Räuchermännchen, das immerhin zum roten Mantel einen grünen Hut trug, das ein goldenes Horn besaß und eine braune Pfeife zum Räuchern.

»Es ist wirklich traurig, wenn man so aussieht wie Sie«, meckerte der Nussknacker, klapperte mit seinem breiten Mund, wackelte mit dem Kopf und fragte: »Sind Sie wenigstens zu etwas nütze?«

Der Weihnachtsengel wusste nicht, was das ist, zu etwas nütze sein. Er musste es sich von dem Nussknacker erklären lassen.

Zu etwas nütze sein, so erläuterte ihm der Nussknacker, das sei, wenn

139

man eine gewichtige Aufgabe zu erfüllen habe, wie er zum Beispiel. »Ich knacke nämlich Nüsse«, sagte der Nussknacker und plusterte sich dabei gewaltig auf; denn er war der Meinung, Nüsse knacken sei überhaupt die wichtigste Beschäftigung der Welt. »Knacken Sie vielleicht auch Nüsse?«, fragte er den Weihnachtsengel.

»Nein«, antwortete der Weihnachtsengel leise, »ich knacke keine Nüsse.« »Das war mir von Anfang an klar!«, rief der Nussknacker. »Sie haben auch einen viel zu kleinen Mund.« Er blickte triumphierend in die Runde, als suche er Beifall für seine Worte. Aber nur das Räuchermännchen nickte mit dem Kopf und meinte, so einfach sei es eben nicht, zu etwas nütze zu sein. Und das Räuchermännchen fragte den Weihnachtsengel, ob er denn vielleicht räuchern und für einen guten Duft in der Weihnachtsstube sorgen könne. Der Weihnachtsengel musste gestehen, dass er auch nicht zu räuchern verstehe.

»Dann können wir leider nicht mit Ihnen verkehren!«, rief hochnäsig der Nussknacker. »Wir unterhalten uns nur mit Leuten, die farbenprächtig gekleidet sind, wie es sich gehört, und die zu etwas nütze sind.« Das Räuchermännchen nickte zu diesen Worten und stieß dicke Rauchwolken aus, während der Nussknacker mit dem breiten Mund klapperte. Der Weihnachtsengel aber wurde sehr traurig. Er hatte es nie empfunden, dass er arm und gar zu schlicht gekleidet sei. Er hatte sich recht glücklich gefühlt in seinem langen weißen Kleid. Es war ihm auch nie bewusst geworden, dass man zu etwas nütze sein müsse. Aber natürlich, der Nussknacker und das Räuchermännchen hatten recht. Was wollte er, der Weihnachtsengel, in der Weihnachtsstube? Er war nicht schön, wie alles ringsum, und da gab es nichts, wo er sich hätte nützlich machen können.

Eine winzige Träne kullerte dem kleinen Weihnachtsengel über das Gesicht. Er wandte sich hilfesuchend an den Nussknacker und fragte: »Was soll ich tun? Was raten Sie mir?«

Der Nussknacker lachte hämisch und sagte: »Ich an Ihrer Stelle würde rasch zurückkehren in den Pappkarton, der auf dem Speicher steht.« Ehe aber der kleine Weihnachtsengel diesen bösen Rat befolgen konnte, öffnete sich die Tür der Weihnachtsstube. Der Vater trat ein, nahm ein Zündholz und steckte die Kerzen in Brand. Dann läutete er mit einer kleinen Porzellanglocke, und die Mutter kam mit den Kindern ins Zimmer. Alle sangen gemeinsam ein Weihnachtslied, und jedes der Kinder musste ein Gedicht aufsagen.

Thomas aber, der Jüngste, blieb mitten in seinem Gedicht stecken. Er hatte den neuen Weihnachtsengel im Baum entdeckt, und glücklich rief er: »Oh, Mutti, ist der schön!«

Bums – machte es da. Der Nussknacker war vor Ärger umgefallen, und das Räuchermännchen verschluckte sich vor Schreck am Rauch und musste husten. Aber niemand kümmerte sich um sie. Alle betrachteten den kleinen Weihnachtsengel.

Dessen Wangen aber röteten sich vor Freude noch mehr. Er wusste nun, dass man nicht unbedingt bunt sein und mit seinem breiten Mund klappern muss. Auch ein schlichter Weihnachtsengel ist schön. Thomas hatte es gesagt.

Und nützlich? Na, ist es nichts, wenn einer einen kleinen Jungen glücklich macht?

Das Christkind

Die Nacht vor dem Heiligen Abend,
da liegen die Kinder im Traum.
Sie träumen von schönen Sachen
und von dem Weihnachtsbaum.

Und während sie schlafen und träumen,
wird es am Himmel klar,
und durch den Himmel fliegen
drei Engel wunderbar.

Sie tragen ein holdes Kindlein,
das ist der Heilige Christ.
Es ist so fromm und freundlich,
wie keins auf Erden ist.

Und wie es durch den Himmel
still über die Häuser fliegt;
schaut es in jedes Bettchen,
wo nur ein Kindlein liegt.

Es freut sich über alle,
die fromm und freundlich sind,
denn solche liebt von Herzen
das liebe Himmelskind.

Heut schlafen noch die Kinder
und sehen es nur im Traum.
Doch morgen tanzen und springen
sie um den Weihnachtsbaum.

Robert Reinick

Weihnachten

Markt und Straßen stehn verlassen,
still erleuchtet jedes Haus.
Sinnend geh ich durch die Gassen,
alles sieht so festlich aus.

An den Fenstern haben Frauen
buntes Spielzeug fromm geschmückt;
tausend Kindlein stehn und schauen,
sind so wunderstill beglückt.

Und ich wandre aus den Mauern
bis hinaus ins freie Feld,
hehres Glänzen, heiliges Schauern!
Wie so weit und still die Welt!

Sterne hoch die Kreise schlingen;
aus des Schnees Einsamkeit
steigt's wie wunderbares Singen –:
O du gnadenreiche Zeit!

JOSEPH VON EICHENDORFF

O du fröhliche

O du fröhliche, o du selige,
gnadenbringende Weihnachtszeit!
Welt ging verloren,
Christ ist geboren:
Freue, freue dich, o Christenheit!

O du fröhliche, o du selige,
gnadenbringende Weihnachtszeit!
Christ ist erschienen,
uns zu versühnen:
Freue, freue dich, o Christenheit!

O du fröhliche, o du selige,
gnadenbringende Weihnachtszeit!
Himmlische Heere
jauchzen dir Ehre:
Freue, freue dich, o Christenheit!

JOHANNES DANIEL FALK

Stille Nacht

Stille Nacht, heilige Nacht!
Alles schläft, einsam wacht
nur das traute hochheilige Paar.
Holder Knabe im lockigen Haar,
schlaf in himmlischer Ruh,
schlaf in himmlischer Ruh!

Stille Nacht, heilige Nacht!
Hirten erst kundgemacht;
durch der Engel Halleluja
tönt es laut von fern und nah:
Christ, der Retter, ist da!
Christ, der Retter, ist da!

Stille Nacht, heilige Nacht!
Gottes Sohn, o, wie lacht
Lieb' aus deinem göttlichen Mund,
da uns schlägt die rettende Stund',
Christ, in deiner Geburt,
Christ, in deiner Geburt.

JOSEPH MOHR

L. H. RICHTER

Der Weihnachtsbaum des Christkinds

Das kleine Tannenbäumchen war so groß geworden, dass es mit den anderen Tannen zu den Weihnachtsbäumchen gehörte. Also war es ganz ungeduldig und konnte es gar nicht abwarten, bis die Weihnachtszeit kam. Als nun das Christkindlein mit dem Nikolaus kam, die Weihnachtsbäume auszusuchen, waren diese ganz still und trauten sich kein Wort zu sagen. Als der Nikolaus sagte: »Wir können nur die ganz gerade gewachsenen Bäumchen brauchen«, reckten sich alle tüchtig in die Höhe. Reihe um Reihe suchten die beiden Himmelsboten die schönsten Bäumchen aus. Ein kleines Bäumchen, das übrig geblieben war und allein am Rande stand, weinte bitterlich, dass ihm die Tränen von den grünen Zweiglein tropften.

Da fragte es das Christkind, warum es denn so traurig sei, und das Bäumchen erzählte: »Als ich noch ganz klein war und in der Gegend eine große Jagdgesellschaft war, hat mich ein Schuss aus der Büchse eines Jägers am Bein getroffen. Die Wunde hat drei Tage lang geblutet und als sie endlich geheilt war, bin ich jedes Jahr ein bisschen schiefer gewachsen. Nun dürfen meine Freunde fort, und ich werde wohl nie an die Reihe kommen.« »Ich will dir etwas Schönes verraten«, sagte das Christkind und wendete seinen Blick dabei zum Nikolaus hin. »In der nächsten Woche verpacken wir Geschenke, auf die ein kleines Zweiglein gelegt wird, die sollen von dir sein und einen ganz kleinen Christbaum brauche ich, der mir beim Tragen nicht zu schwer wird, das soll deine Bäumchenspitze sein. Ist's recht so?«

»Freilich ist's recht, und ich danke euch von Herzen!« antwortete das Tannenbäumchen, dessen schöne Spitze nun Christkindleins Weihnachtsbaum werden sollte.

Heilige Nacht

So ward der Herr Jesus geboren
im Stall bei der kalten Nacht.
Die Armen, die haben gefroren,
den Reichen war's warm gemacht.

Sein Vater ist Schreiner gewesen,
die Mutter war eine Magd.
Sie haben kein Geld besessen,
sie haben sich wohl geplagt.

Kein Wirt hat ins Haus sie genommen;
sie waren von Herzen froh,
dass sie noch in Stall sind gekommen.
Sie legten das Kind auf Stroh.

Die Engel, die haben gesungen,
dass wohl ein Wunder geschehn.
Da kamen die Hirten gesprungen
und haben es angesehn.

Die Hirten, die will es erbarmen,
wie elend das Kindlein sei.
Es ist eine G'schicht für die Armen,
kein Reicher war nicht dabei.

LUDWIG THOMA

UNBEKANNTER VERFASSER

Du kannst nun jeden Tag zu mir kommen

Als die Hirten schon lange gegangen waren und es still geworden war in der ärmlichen Hütte seiner Geburt, hob das Kind seinen Kopf und sah zur Tür. Dort stand ein Junge – verängstigt und schüchtern.
»Tritt näher«, sagte das Christkind, »warum bist du denn so ängstlich?«
»Weil ich dir nichts mitgebracht habe«, antwortete der Junge.
»Ich hätte aber sehr gerne etwas von dir«, meinte das Kind in der Krippe. Da wurde der fremde Junge ganz aufgeregt: »Ich habe nichts. Mir gehört nichts. Wenn ich etwas hätte, würde ich es dir geben. – Hier«, – und der Junge wühlte in den Taschen seiner zerlumpten Hose – »hier ist die Klinge eines alten Messers. Ich habe sie gefunden, du sollst sie haben.« »Nein«, sagte das Kind, »behalte sie. Ich möchte etwas ganz anderes von dir haben. Es sind drei Dinge.«
»Gern«, sagte der Junge, »aber was?«
»Schenk mir dein letztes Bild, das du gemalt hast.«
Der Junge wurde rot und verlegen. Damit es nicht einmal Josef und Maria hören konnten, ging er mit seinem Mund ganz nah an das Christkind heran: »Aber das Bild war so schlecht, dass es niemand überhaupt nur anschauen mochte.«
»Eben deshalb«, sagte das Kind in der Krippe, »möchte ich das Bild haben. Du sollst mir immer das bringen, was anderen an dir nicht gefällt oder was anderen in deinem Leben nicht genügt.«
»Und dann«, fuhr das Christkind fort, »möchte ich deinen Teller haben.«
»Aber den habe ich heute zerbrochen«, stotterte der Junge.

»Darum will ich ihn haben«, sagte das Kind in der Krippe. »Du sollst mir immer das bringen, was in deinem Leben zerbrochen ist. Ich will es wieder ganz machen.«

»Und als letztes«, sagte das Christkind, »gib mir die Antwort an deine Eltern, als sie dich fragten, wie du den Teller zerbrochen hast.«

Da wurde der Junge sehr traurig und flüsterte: »Ich habe gesagt, ich hätte den Teller unabsichtlich vom Tisch gestoßen. Aber das war eine Lüge. In Wirklichkeit habe ich ihn im Zorn auf den Steinboden geworfen.«

»Das wollte ich wissen«, sagte das Christkind. »Bring mir immer alles, was in deinem Leben böse ist, deine Lügen, deine Ausflüchte, deine Feigheit und Grausamkeit. Ich will sie dir wegnehmen. Du brauchst sie nicht. Ich will dich froh machen und werde deine Fehler immer wieder vergeben. Von heute an kannst du jeden Tag zu mir kommen.«

EINE ALTE LEGENDE

Wie die Christrose entstand

In der Heiligen Nacht sprachen die Hirten zueinander:
»Kommt, lasset uns nach Bethlehem gehen und sehen, was da geschehen ist!«
Und sie machten sich eilends auf.
Jeder nahm ein Geschenk mit: Butter und Honig, einen Krug mit Milch, Wolle vom Schaf und ein warmes Lammfell.
Nur ein Hirtenknabe hatte nichts zum Schenken. Er suchte auf der Winterflur nach einem Blümchen. Er fand keins. Da weinte er und die Tränen fielen auf die harte Erde.
Sogleich sprossen aus den Tränen Blumen hervor, die trugen Blüten, zart und weiß. Voll Freude pflückte der Knabe die Blumen und brachte sie dem göttlichen Kind in die Krippe.
Seit der Zeit blüht diese Blume jedes Jahr in der Weihnacht auf und die Menschen nennen sie die Christrose.

HANS CHRISTIAN ANDERSEN

Das kleine Mädchen mit den Zündhölzern

Es war entsetzlich kalt; es schneite, und der Abend dunkelte bereits; es war der letzte Abend im Jahre, Silvesterabend. In dieser Kälte und in dieser Finsternis ging auf der Straße ein kleines armes Mädchen mit bloßem Kopfe und nackten Füßen. Es hatte wohl freilich Pantoffel angehabt, als es von zu Hause fortging, aber was konnte das helfen! Es waren sehr große Pantoffeln, sie waren früher von seiner Mutter gebraucht worden, so groß waren sie, und diese hatte die Kleine verloren, als sie über die Straße eilte, während zwei Wagen in rasender Eile vorüberjagten; der eine Pantoffel war nicht wieder aufzufinden, und mit dem anderen machte sich ein Knabe aus dem Staube, welcher versprach, ihn als Wiege zu benutzen, wenn er einmal Kinder bekäme.

Da ging nun das kleine Mädchen auf den nackten zierlichen Füßen, die vor Kälte ganz rot und blau waren. In ihrer alten Schürze trug sie eine Menge Zündhölzer, und ein Bund hielt sie in der Hand. Während des ganzen Tages hatte ihr niemand etwas abgekauft, niemand ein Almosen gereicht. Hungrig und frostig schleppte sich die arme Kleine weiter und sah schon ganz verzagt und eingeschüchtert aus. Die Schneeflocken fielen auf ihr langes blondes Haar, das schön gelockt über ihren Nacken hinabfloss, aber bei diesem Schmucke weilten ihre Gedanken wahrlich nicht. Aus allen Fenstern strahlte heller Lichterglanz, und über alle Straßen verbreitete sich der Geruch von köstlichem Gänsebraten. Es war ja Silvesterabend, und dieser Gedanke erfüllte alle Sinne des kleinen Mädchens.

In einem Winkel zwischen zwei Häusern, von denen das eine etwas weiter in die Straße vorsprang als das andere, kauerte es sich nieder.

Seine kleinen Beinchen hatte es unter sich gezogen, aber es fror nur noch mehr und wagte es trotzdem nicht, nach Hause zu gehen, da es noch kein Schächtelchen mit Streichhölzern verkauft, noch keinen Heller erhalten hatte. Es hätte gewiss vom Vater Schläge bekommen, und kalt war es zu Haus ja auch; sie hatten das bloße Dach gerade über sich, und der Wind pfiff schneidend hinein, obgleich Stroh und Lumpen in die größten Ritzen gestopft waren. Ach, wie gut musste ein Zündhölzchen tun! Wenn es nur wagen dürfte, eins aus dem Schächtelchen herauszunehmen, es gegen die Wand zu streichen und die Finger daran zu wärmen! Endlich zog das Kind eins heraus. Ritsch! wie sprühte es, wie brannte es. Das Zündholz strahlte eine warme helle Flamme aus, wie ein kleines Licht, als es das Händchen um dasselbe hielt. Es war ein merkwürdiges Licht; es kam dem kleinen Mädchen vor, als säße es vor einem großen eisernen Ofen mit Messingbeschlägen und Messingverzierungen; das Feuer brannte so schön und wärmte so wohltuend! Die Kleine streckte schon die Füße aus, um auch diese zu wärmen – da erlosch die Flamme. Der Ofen verschwand – sie saß mit einem Stümpfchen des ausgebrannten Zündholzes in der Hand da.

Ein neues wurde angestrichen, es brannte, es leuchtete, und an der Stelle der Mauer, auf welche der Schein fiel, wurde sie durchsichtig wie ein Flor. Die Kleine sah gerade in die Stube hinein, wo der Tisch mit einem blendend weißen Tischtuch und feinem Porzellan gedeckt stand, und köstlich dampfte die mit Pflaumen und Äpfeln gefüllte, gebratene Gans darauf. Und was noch herrlicher war, die Gans sprang aus der Schüssel und watschelte mit Gabel und Messer im Rücken über den Fußboden hin; gerade die Richtung auf das arme Mädchen schlug sie ein. Da erlosch das Zündholz, und nur die dicke kalte Mauer war zu sehen.

Sie zündete ein neues an. Da saß die Kleine unter dem herrlichsten Weihnachtsbaum; er war noch größer und weit reicher aufgeputzt als der, den sie am Heiligabend bei dem reichen Kaufmann durch die Glas-

154

tür gesehen hatte. Tausende von Lichtern brannten auf den grünen Zweigen, und bunte Bilder, wie die, welche in den Ladenfenstern ausgestellt werden, schauten auf sie hernieder, die Kleine streckte beide Hände nach ihnen in die Höhe, da erlosch das Zündholz. Die vielen Weihnachtslichter stiegen höher und höher, und sie sah jetzt erst, dass es die hellen Sterne waren. Einer von ihnen fiel herab und zog einen langen Feuerstreifen über den Himmel.

»Jetzt stirbt jemand!«, sagte die Kleine, denn die alte Großmutter, die sie allein freundlich behandelt hatte, jetzt aber längst tot war, hatte gesagt: »Wenn ein Stern fällt, steigt eine Seele zu Gott empor!«

Sie strich wieder ein Zündholz gegen die Mauer; es warf einen weiten Lichtschein ringsumher, und im Glanze desselben stand die alte Großmutter hell beleuchtet, mild und freundlich da.

»Großmutter!«, rief die Kleine, »o nimm mich mit dir! Ich weiß, dass du verschwindest, sobald das Zündholz ausgeht, verschwindest wie der warme Kachelofen, der köstliche Gänsebraten und der große, flimmernde Weihnachtsbaum!« Schnell strich sie den ganzen Rest der Zündhölzer an, die sich noch im Schächtelchen befanden, sie wollte die Großmutter festhalten; und die Zündhölzer verbreiteten einen solchen Glanz, dass es heller war als am lichten Tage. So schön, so groß war die Großmutter nie gewesen; sie nahm das kleine Mädchen auf ihren Arm, und schon schwebten sie empor in Glanz und Freude; Kälte, Hunger und Angst wichen von ihm – sie waren bei Gott.

Aber im Winkel am Hause saß in der kalten Morgenstunde das kleine Mädchen mit roten Wangen, mit Lächeln um den Mund – tot, erfroren am letzten Tag des alten Jahres. Der Morgen des neuen Jahres ging über der kleinen Leiche auf, die mit den Zündhölzern, wovon fast ein Schächtelchen verbrannt war, dasaß. »Sie hat sich wärmen wollen!«, sagte man. Niemand wusste, was sie Schönes gesehen hatte, in welchem Glanze sie mit der alten Großmutter zur Neujahrsfreude eingegangen war.

Wir Heiligen Drei König'

Wir Heiligen Drei König', wir kommen von fern,
wir suchen den Heiland, den göttlichen Herrn.

Da steht vor uns ein leuchtender Stern,
er winkt uns gar freundlich, wir folgen ihm gern.

Er führt uns vorüber vorm Herodes sei'm Haus,
da schaut der falsch' König beim Fenster heraus.

Er winkt uns so freundlich: »O kommt doch herein,
ich will euch aufwarten mit Kuchen und Wein.«

»Wir können nicht weilen, wir müssen gleich fort,
wir müssen uns eilen nach Bethlehem Ort.

Es ward uns durch Gottheit die Kunde zuteil,
dass ein Kind ist geboren, das der Welt bringt das Heil.

Wir kommen im Stall an, finden das Kind,
viel schöner und holder, als Engel es sind.

Wir knien uns nieder und beten es an,
o Herr, nimm die Gabe aus Dankbarkeit an:

Gold, Weihrauch und Myrrhen, das reichen wir dir,
führ du uns dann einstens in'n Himmel von hier!

ÜBERLIEFERT

RICHARD VON VOLKMANN-LEANDER

Die himmlische Musik

Als noch das goldene Zeitalter war, wo die Engel mit den Bauerkindern auf den Sandhaufen spielten, standen die Tore des Himmels weit offen, und der goldene Himmelsglanz fiel aus ihnen wie ein Regen auf die Erde herab. Die Menschen sahen von der Erde in den offenen Himmel hinein; sie sahen oben die Seligen zwischen den Sternen spazierengehen, und die Menschen grüßten hinauf, und die Seligen grüßten herunter. Das Schönste aber war die wundervolle Musik, die damals aus dem Himmel sich hören ließ. Der liebe Gott hatte dazu die Noten selber aufgeschrieben, und tausend Engel führten sie mit Geigen, Pauken und Trompeten auf. Wenn sie zu ertönen begann, wurde es ganz still auf der Erde. Der Wind hörte auf zu rauschen, und die Wasser im Meer und in den Flüssen standen still. Die Menschen aber nickten sich zu und drückten sich heimlich die Hände. Es wurde ihnen beim Lauschen so wunderbar zumut, wie man das jetzt einem armen Menschenherzen gar nicht beschreiben kann. –
So war es damals; aber es dauerte nicht lange. Denn eines Tages ließ der liebe Gott zur Strafe die Himmelstore zumachen und sagte zu den Engeln: »Hört auf mit euerer Musik; denn ich bin traurig!« Da wurden die Engel auch betrübt und setzten sich jeder mit seinem Notenblatt auf eine Wolke und zerschnitzelten die Notenblätter mit ihren kleinen goldenen Scheren in lauter einzelne Stückchen; die ließen sie auf die Erde hinunterfliegen. Hier nahm sie der Wind, wehte sie wie Schneeflocken über Berg und Tal und zerstreute sie in alle Welt. Und die

Menschenkinder haschten sich jeder ein Schnitzel, der eine ein großes und der andere ein kleines, und hoben sie sich sorgfältig auf und hielten die Schnitzel sehr wert; denn es war ja etwas von der himmlischen Musik, die so wundervoll geklungen hatte.

Aber mit der Zeit begannen sie sich zu streiten und zu entzweien, weil jeder glaubte, er hätte das Beste erwischt; und zuletzt behauptete jeder, das, was er hätte, wäre die eigentliche himmlische Musik, und das, was die anderen besäßen, wäre eitel Trug und Schein. Wer recht klug sein wollte – und deren waren viele –, machte noch hinten und vorn einen großen Schnörkel daran und bildete sich etwas ganz Besonderes darauf ein. Der eine pfiff a und der andere sang b; der eine spielte in Moll und der andere in Dur; keiner konnte den anderen verstehen. Kurz, es war ein Lärm wie in einer Kinderschule. – So steht es noch heute! –

Wenn aber der Jüngste Tag kommen wird, wo die Sterne auf die Erde fallen und die Sonne ins Meer und die Menschen sich an der Himmelspforte drängen wie die Kinder zu Weihnachten, wenn aufgemacht wird – da wird der liebe Gott durch die Engel alle die Papierschnitzel von seinem himmlischen Notenbuche wieder einsammeln lassen, die großen ebensowohl wie die kleinen und selbst die ganz kleinen, auf denen nur eine einzige Note steht. Die Engel werden die Stückchen wieder zusammensetzen, und dann werden die Tore aufspringen, und die himmlische Musik wird aufs neue erschallen, ebenso schön wie früher. Da werden die Menschenkinder verwundert und beschämt dastehen und lauschen und einer zum anderen sagen: »Das hattest du! Das hatte ich! Nun aber klingt es erst wunderbar herrlich und ganz anders, nun alles wieder beisammen und am richtigen Orte ist!« – Ja, ja! So wird's. Ihr könnt euch darauf verlassen.

Wieviel Sand in dem Meer

Wieviel Sand in dem Meer,
wieviel Sterne oben her,
wieviel Tiere in der Welt,
wieviel Zehner unterm Geld,

in den Adern wieviel Blut,
in dem Feuer wieviel Glut,
wieviel Blätter in den Wäldern,
wieviel Gräslein in den Feldern,

in den Hecken wieviel Dörner,
auf dem Acker wieviel Körner,
auf den Wiesen wieviel Klee,
wieviel Stäublein in der Höh,

in den Flüssen wieviel Fischlein,
in dem Meere wieviel Müschlein,
wieviel Tropfen in der See,
wieviel Flocken in dem Schnee,

soviel Lebendig weit und breit,
wünsch ich dir eine gute Zeit.

ÜBERLIEFERT

Trotz intensiver Bemühungen war es dem Verlag leider nicht in allen Fällen möglich, den jeweiligen Rechtsinhaber ausfindig zu machen: Für Hinweise sind wir dankbar. Rechtsansprüche bleiben gewahrt.

Quellennachweis:
Selma Lagerlöf, Die Heilige Nacht, *aus:* Christuslegenden. Übersetzung aus dem Schwedischen von Maria Franzos. München: © Nymphenburger in der F. A. Herbig Verlagsbuchhandlung GmbH, 1948.
Karl Heinrich Waggerl, Worüber das Christkind lächeln musste, *aus:* Und es begab sich. Salzburg: © Otto Müller Verlag GmbH & Co. KG, [5]2004

Alle Rechte vorbehalten – Printed in Belgium
© Verlag Herder Freiburg im Breisgau 2006
www.herder.de
Abbildungen: © buchprojekte Bildarchiv; aus Privat-Sammlungen
Idee, Konzeption, Realisation: © buchprojekte, Freiburg im Breisgau 2006
Produktion: art und weise, Freiburg im Breisgau
Herstellung: PROOST, Turnhout (Belgium)
ISBN 13: 978-3-451-29110-4
ISBN 10: 3-451-29110-X